本书为吉林省2023年度职业教育与成人教育教学改革研究一般课题，吉林省职业教育高质量发展实践路径研究（批准号：2023ZCY372）。

本书为吉林省教育科学研究规划一般课题，吉林省职业教育高质量发展与创新探索研究（批准号：GH230548）。

光明社科文库
GUANGMING DAILY PRESS:
A SOCIAL SCIENCE SERIES

·教育与语言书系·

# 职业教育高质量发展研究

陈前　王鹤　高跃函｜著

光明日报出版社

**图书在版编目（CIP）数据**

职业教育高质量发展研究 ／ 陈前，王鹤，高跃函著.

北京：光明日报出版社，2025.1. -- ISBN 978 - 7 - 5194 -
8409 - 5

Ⅰ.G719.21

中国国家版本馆 CIP 数据核字第 2025J59Y96 号

## 职业教育高质量发展研究
**ZHIYE JIAOYU GAOZHILIANG FAZHAN YANJIU**

著　者：陈　前　王　鹤　高跃函

责任编辑：杨　娜　　　　　　　责任校对：杨　茹　贾　丹
封面设计：中联华文　　　　　　责任印制：曹　净

出版发行：光明日报出版社

地　　址：北京市西城区永安路 106 号，100050

电　　话：010-63169890（咨询），010-63131930（邮购）

传　　真：010-63131930

网　　址：http：// book. gmw. cn

E - mail：gmrbcbs@ gmw. cn

法律顾问：北京市兰台律师事务所龚柳方律师

印　　刷：三河市华东印刷有限公司

装　　订：三河市华东印刷有限公司

本书如有破损、缺页、装订错误，请与本社联系调换，电话：010-63131930

开　　本：170mm×240mm

字　　数：201 千字　　　　　　　印　　张：14.5

版　　次：2025 年 1 月第 1 版　　　印　　次：2025 年 1 月第 1 次印刷

书　　号：ISBN 978 - 7 - 5194 - 8409 - 5

定　　价：89.00 元

# 前　言

党的十八大以来，尤其是2019年国务院颁布《国家职业教育改革实施方案》（简称"职教20条"）后，我国职业教育进入了高质量发展的快车道，党和政府加强了对职业教育的顶层设计。以2021年为例，3月24日，国务院常务会议通过《中华人民共和国职业教育法（修订草案）》，提交全国人大常委会审议；4月12日至13日，首次以党中央的名义召开了全国职业教育大会；10月，中共中央办公厅、国务院办公厅印发的《关于推动现代职业教育高质量发展的意见》明确提出，到2025年，现代职教体系基本建成，到2035年，技能型社会基本建成。在党和政府的高度重视下，我国职业教育发生了格局性变化，但距离建成技能型社会的目标还存在不小的差距。推动我国职业教育高质量发展，需要以培育工匠精神为重要抓手，进而把培育工匠精神融入职业教育的各方面和全过程。

创新是教育发展的必要手段。创新有利于学校、教师和学生这三方面产生新的相互认识，发现新的高质量教学模式，更好地对职业教育进行未来教育规划，也让职业教育更贴近时代的发展，满足社会和国家需求，为职业教育赋能。从整体上来看，职业教育的创新发展可以从教学模式的改良、校企合作模式的强化、教学与网络相融合等几方面进行，为职业教育的高质量发展提供有利条件。

# 目　录
## CONTENTS

# 第一章

# 中国的职业教育

职业教育是中国教育事业的重要组成部分，是服务经济社会发展和个人终身发展需要、面向经济社会发展和生产服务一线、培养高素质劳动者和技术人才并促进全体劳动者职业可持续发展的教育类型。近年来，特别是 2010 年《国家中长期教育改革和发展规划纲要（2010—2020 年）》（简称"2010 年国家教育规划纲要"）颁布、2014 年全国职业教育工作会议召开，以及《国务院关于加快发展现代职业教育的决定》印发以来，中国职业教育进入改革创新阶段，现代职业教育体系建设进程加快，进一步深化产教融合、校企合作，制定职业教育标准和规范，加快信息化建设，倡导工匠精神和创新创业等，人才培养质量大幅提高，在创造更大人才红利方面做出了新贡献。①

职业教育在服务转方式、调结构、促改革、保就业、惠民生和工业化、信息化、城镇化、农业现代化同步发展方面发挥了重要作用，为打造中国经济升级版，促进就业和改善民生，加强社会建设和文化建设，满足人民群众生产生活多样化的需求提供了有力支撑。

---

① 李明月. 赋能理念下建设职业教育创新发展高地的思考 [J]. 现代教育，2020（2）：38-41.

## 第一节　职业教育发展背景

在当前中国经济社会快速发展的背景下，职业教育作为教育体系中的重要组成部分，正面临着前所未有的发展机遇与挑战。本节将从多个维度深入剖析中国职业教育的发展背景，旨在为后续章节探讨职业教育高质量发展与创新探索奠定坚实基础。

### 一、经济社会转型的迫切需求

随着中国经济由高速增长阶段转向高质量发展阶段，产业结构的优化升级和经济方式的转变对人才结构和质量提出了更高要求。党的十九大报告明确指出，我国经济已由高速增长阶段转向高质量发展阶段，这一转变意味着经济发展不再单纯依赖资源投入和规模扩张，而是更加注重质量效益和创新驱动。在这一过程中，职业教育作为培养技术技能人才的主阵地，其重要性和战略地位日益凸显。

具体而言，随着"中国制造2025""互联网+""乡村振兴"等重大国家战略的深入实施，以及新一代信息技术、人工智能、高端装备、新材料等战略性新兴产业的快速发展，市场对高素质技术技能人才的需求急剧增加。职业教育需要紧跟时代步伐，主动对接产业需求，优化专业设置和课程体系，培养更多符合市场需求的高素质技术技能人才，为经济社会转型升级提供有力的人才支撑。

### 二、政策环境的持续优化

近年来，中国政府高度重视职业教育发展，出台了一系列政策措施，为职业教育高质量发展提供了有力保障。从《国家职业教育改革实施方案》到《关于推动现代职业教育高质量发展的意见》，再到《职业教育提质培优行动计划（2020—2023年）》，这些政策文件不仅明确了职业教育的发展方向和目标任务，还提出了一系列具体措施，如深化产教融合、校企合作，推进 1+X 证书制度试点改革，建设"双师型"教学团队等，为职业教育高质量发展指明了方向。

在政策的推动下，职业教育体系不断完善，办学层次更加丰富多样。目前，我国已经形成了以中等职业教育为基础、高等职业教育为主体、本科层次职业教育为引领的职业教育体系。同时，职业教育信息化水平不断提升，国家职业教育智慧教育平台等数字化平台的建设和应用，为职业教育提供了更加便捷、高效的教学资源和服务。

### 三、市场需求的不断增长

随着产业升级和结构调整的加速推进，企业对于技能型人才的需求日益增长。特别是在智能制造、数字经济等新兴领域，高素质技术技能人才更是供不应求。这种市场需求的变化为职业教育提供了广阔的发展空间。职业教育机构需要紧跟市场需求变化，调整专业设置和课程内容，加强实践教学和技能训练，提高学生的职业素养和综合能力，以满足企业对技术技能人才的需求。

同时，随着终身学习理念的深入人心，越来越多的社会成员开始重视职业教育和技能培训。他们希望通过接受职业教育来提升自己的职业竞争力和适应能力。这种市场需求的变化也为职业教育机构提供了更多的发展机遇。

### 四、国际合作的日益紧密

在全球化的背景下，职业教育领域的国际合作日益紧密。中国职业教育积极与国际接轨，引进国外优质教育资源和管理经验，加强与国际职业教育机构的交流与合作。这种国际合作不仅有助于提升我国职业教育的国际影响力和竞争力，还有助于培养具有国际视野和跨文化交流能力的高素质技术技能人才。

同时，随着"一带一路"倡议的深入实施，中国职业教育也面临着更加广阔的国际市场。通过加强与共建国家的职业教育合作与交流，可以共同培养适应区域经济一体化发展需求的技术技能人才，为"一带一路"建设提供有力的人才支撑。

综上所述，中国职业教育正处于一个充满机遇与挑战的新时代。面对经济社会转型的迫切需求、政策环境的持续优化、市场需求的不断增长以及国际合作的日益紧密等多重背景因素的交织影响，职业教育需要不断创新探索高质量发展之路，以更好地服务于国家经济社会发展大局。

## 第二节　职业教育事业发展现状

中国已建成世界上规模最大的职业教育体系，中等职业学校教育和高等职业学校教育的招生数、在校生数分别占到了高中阶段教育和普通高等教育的"半壁江山"，各类职业培训机构培训了数以千万计的高素质劳动者和技能型人才。职业教育成为高素质技能型人才的重要来源，为构建合理教育结构、推动经济发展方式转变、缓解就业结构性矛盾提供了有力支撑。

### 一、中等职业学校教育发展

中等职业学校作为职业教育体系的基础，承担着培养大量技术技能型人才的重要使命。2022—2024 年，在国家政策的引导和支持下，中等职业学校教育事业取得了显著进展，不仅规模持续扩大，而且质量不断提升，为经济社会发展输送了大量高素质的技能人才。

（一）规模持续扩大

随着社会对技术技能人才需求的增加，中等职业学校的招生规模不断扩大。各级政府加大对职业教育的投入，鼓励和支持中等职业学校扩大招生规模，提高办学能力。同时，随着教育观念的转变和多元化教育需求的增长，越来越多的学生选择进入中等职业学校学习，以掌握一技之长，为未来职业发展奠定坚实基础。这一趋势使得中等职业学校的在校生人数持续增长，为职业教育事业的蓬勃发展注入了新的活力。

（二）专业设置更加多样

为了适应经济社会发展的需要，中等职业学校不断调整和优化专业设置，确保所培养的人才能够紧密对接市场需求。一方面，学校积极开设新兴专业，如智能制造、电子商务、大数据技术等，以满足新兴产业对技术技能人才的需求；另一方面，学校也注重对传统专业的升级改造，通过引入新技术、新工艺、新设备等方式，提升传统专业的竞争力和吸引力。这种多样化的专业设置不仅满足了学生的个性化学习需求，也为学生的职业发展提供了更多选择。

（三）校企合作不断深化

校企合作是中等职业学校提升教学质量和就业质量的重要途径。中等职业学校积极与企业建立紧密的合作关系，通过共建实训基地、开展订单培养、实施现代学徒制等方式，实现学校教育与企业需求的无缝对接。这种合作模式不仅有助于学校及时了解企业需求和市场变化，调整教学内容和教学方法，还有助于学生提前接触企业文化和工作环境，增强实践能力和职业素养。通过校企合作，中等职业学校的毕业生在就业市场上更具竞争力，能够迅速适应工作岗位的需求。

（四）师资队伍不断壮大

师资队伍是中等职业学校教育教学质量的关键。为了提升教师的专业素养和教学能力，中等职业学校采取了一系列措施加强师资队伍建设。一方面，学校积极引进具有丰富实践经验和教学能力的优秀人才充实教师队伍；另一方面，学校也注重现有教师的培训和提升工作，通过组织参加各类培训、学术交流等活动，提高教师的教育教学水平和科研能力。此外，学校还鼓励教师深入企业实践锻炼，了解行业发展趋势和技术动态，以便更好地将理论知识与实践操作相结合。这些措施的实施使得中等职业学校的师资队伍不断壮大和优化，为教育教学质量的提升提供了有力保障。

（五）信息化水平不断提升

随着信息技术的快速发展和普及应用，中等职业学校的信息化水平不断提升。学校积极建设数字化校园和智慧教室等信息化教学设施，为师生提供更加便捷、高效的教学资源和服务。同时，学校还注重利用信息技术手段创新教学模式和方法，如开展在线教学、混合式教学等新型教学模式的探索和实践。这些信息化手段的应用不仅丰富了教学资源和教学手段，也提高了学生的学习兴趣和积极性，促进了教育教学质量的提升。

中等职业学校教育事业在规模扩大、专业设置多样、校企合作深化、师资队伍壮大以及信息化水平提升等方面取得了显著进展。这些成就不仅为中等职业教育事业的可持续发展奠定了坚实基础，也为经济社会发展提供了有力的人才支撑。

## 二、高等职业学校教育发展

中国高等教育包括本科和专科两个层次的教育，前者由普通高等学校实施，后者由高等职业技术学院和高等专科学校（两者都属于专科层次）实施。2011—2016 年，高等职业学校数逐年增加，2016 年比2011 年增加 79 所。2016 年的招生数比 2011 年增加近 18.35 万，在校生数增加近 124.04 万。招生数、在校生数占普通高等教育的比例起伏不大，基本稳定。

2011—2016 年，在高等教育大众化背景下，中国高等职业教育规模有了较快发展，并且数量保持相对稳定增长。这既与中国重视发展高等职业教育有关，也与高等职业教育自身坚持改革创新有关。中国高等职业教育每年为社会培养 300 多万名高技能人才，他们成为中国产业大军的重要来源，有力地支撑了中国经济转型升级。

### 三、职业培训事业发展

近几年，中国职业培训事业发展势头良好。2016 年，全国职业培训机构近 93358 所，注册学生数 4135.20 万，结业学生数 4234.99 万。多样化的培训机构、灵活的培训方式，为人民群众和企业职工就业、再就业以及转岗、岗位提升等提供了丰富的选择。

### 四、民办职业教育发展

民办职业教育主要包括民办中等职业教育和民办高等职业教育。中国鼓励社会力量举办职业教育，希望民办教育成为教育新的增长点和促进教育改革的重要力量。2010 年以后，民办中等职业教育和民办高等职业教育的发展呈现出不同的趋势和特点。

（一）民办中等职业教育基本情况

2010—2015 年，民办中等职业教育的学校数、招生数、在校生数逐年递减。但 2016 年，民办中等职业学校的招生数、在校生数比 2015 年分别增加 2.71 万和 0.77 万，出现了止跌之势。从 2014 年开始，民办中等职业学校的招生数和在校生数占整个中等职业学校的比例也出现了上升趋势，到 2016 年，两者分别所占比例为 12.41% 和 11.52%，与此同时，民办中职的校均规模普遍较全国中职学校的校均规模要小，2016 年为 871 人，为全国中职学校的校均规模 1468 人的 59.33%。

（二）民办高等职业教育基本情况

2010—2015 年民办高等职业教育的学校数、招生数、在校生数整体上呈递增趋势（除个别年份有少量下降）。2016 年，民办高职（专科）的招生数为 80.90 万，比 2015 年减少了 0.39 万；在校生数为 242.46 万，比 2015 年增加了 14.94 万；学校数、招生数、在校生数分别占整个高等职业教育的比例为 23.33%、23.57%、22.39%。

### 五、职业教育师资

（一）中等职业教育师资

2011 年以来，中国中等职业学校教职工总数、专任教师数持续减少，但受学生数量减少的影响，专任教师比例和生师比逐年提高，与普通高中相比，差距仍然较大。"双师型"教师是衡量职业教育教师队伍结构、质量的一个重要指标。2011—2015 年，中等职业学校"双师型"教师比例逐年提高，2015 年比 2011 年提高了 5 个百分点，但对照中国《中等职业学校设置标准》提出的"双师型"教师比例不低于 30%的标准，仍存在一定差距。

中等职业学校教师队伍整体学历水平持续提升。到 2016 年，中等职业学校专科及以下学历教师比例为 9.17%，本科学历教师比例为 83.67%，硕士研究生及以上学历教师比例为 7.16%，而专任教师本科及以上学历比例为 92.84%。与 2011—2015 年相比，学历结构明显优化。

（二）高等职业教育师资

2011 年以来，中国高等职业学校教师队伍规模总体呈增长趋势，其中专任教师数量稳步增长。2016 年全国高等职业学校（专科）教职工总数为 65.26 万，专任教师 46.69 万，专任教师占教职工总数的 71.54%。

（三）民办职业教育师资

民办中等职业学校的专任教师占教职工总数的比例低于全国中职学校平均水平，两者相差约 10 个百分点。生师比也比全国中职学校平均水平低，平均相差约为 4 个百分点。2016 年，民办中等职业学校专任教师占比 68.05%，与整个中职的平均水平低 9.25 个百分点；生师比为 25.94%，与整个中职的平均水平相差 6.1，有拉大趋势，也与《中等职业学校设置标准》规定的 20：1 有一定的差距。

# 第二章

# 中国职业教育发展与实践

目前，学历教育与职业培训并举，形式多样、灵活开放的有中国特色的职业教育体系初步形成，为我国现代国民教育体系和终身教育体系的建设做出了重大贡献。

当然，回顾过去的 30 多年，在充分肯定职业教育取得成就的同时，我们也清醒地认识到，职业教育发展还面临着不少困难和挑战。例如，在一些地方还存在着轻视职业教育的现象。职业教育仍然是我国教育体系中的薄弱环节，发展不平衡，投入不足，办学条件和能力仍需不断提高。职业教育的管理体制、运行机制以及人才培养的规模、结构、质量还不能很好地适应经济社会发展的需要。

因此，必须继续推动职业教育的改革与发展。要"加快发展现代职业教育""加强职业技能培训"，对培养高技能人才提出更高要求。随着我国新型工业化道路的加快以及建设人力资源强国目标的推进，大力发展职业教育已成为当前和今后一个时期我国教育工作的重点，也是满足人民群众多样化学习需求、构建学习型社会的重要途径，是促进就业、消除贫困和实现教育公平的必然选择。

## 第一节　职业教育体制的变化

实行改革开放政策以后，中国政府就着手重建和发展在"文革"

中被破坏了的学制系统，其中包括：延长中学的学习年限（从原来的2—2学制，延长到3—3学制）；控制普通高中的招生规模，相应地扩大中等职业教育规模；恢复并重建中专和技校，创办职业高中；恢复高等学校专科和本科的两个层次；扩大高等专科教育；恢复和重建了很多院校、科系和专业；建立学位制度，完善研究生教育制度；恢复和重建各级各类成人教育机构；等等。从而使我国学制逐步向合理和完善的方向发展，重新步入了现代教育制度发展的正确轨道，中等教育结构不合理状况有了明显改善。

### 一、我国职业教育体系的构成

从 20 世纪 80 年代初开始，我国进行了一系列教育领域的改革，使中国的职业教育体系逐步走向成熟。

（一）职业教育的层次

在 20 世纪 80 年代之前，我国没有高等职业教育一说，职业教育一般只分为初等职业教育和中等职业教育两个层次。从 20 世纪 80 年代开始，我国开始创办城市职业大学和职工大学，这些职业大学和职工大学后来便发展成为我国高等职业教育（简称"高职"）。所以，目前我国职业教育体系可分为初等、中等和高等三个层级。初等职业教育是指在小学阶段就实施职业教育，如在小学高年级学生中开设职业性课程，也包括在初中阶段实施的职业教育，即小学毕业后进入职业初中学习。在教育比较落后的国家，职业教育的起点一般都比较低。随着我国九年义务教育的普及，初等职业教育已停止招生，中等职业教育成为我国职业教育的基本起点。

1. 中等职业教育

我国中等职业教育办学机构主要包括职业高中、普通中等专业学校、技工学校和成人中专四类，学制一般为三年，有少部分专业为两年或四年。学生毕业后可以直接就业，也可以升入高一级学校学习，如选择进入高等职业院校学习，成绩特别优秀者也可以通过考试进入普通高校和大学学习，毕业后可获得学士学位。中等职业教育一般简称"中职"。①

职业高中通常简称"职高"。20世纪80年代开始，为了解决普通高中办学规模过大，学生毕业后不但很难升入大学而且缺少职业能力的问题，同时也是为了适应市场经济发展过程中对不同类型的劳动者的需要，国家开始对中等教育结构进行调整，把原来的一些办学条件较差、质量不好的普通中学改办成职业高中，同时也新建了一些职业学校。所以，职业高中无论是在师资还是在课程设置上，从开始就受到了普通教育的影响。到今天，职业高中的办学规模仅次于中等专业学校。

普通中等专业学校。其是在中华人民共和国成立后，在对原有职业学校进行改造的基础上建立的。由于中等专业学校的办学历史较长，所以它的办学实力、办学规模和人才培养质量在中等职业教育阶段都处于领先地位，也曾经是最受家长和学生欢迎的职业教育机构。但是，自20世纪90年代后期开始，由于部分办学质量较高、办学历史较长的中等专业学校，先后升级为高等职业技术学院（即"高职"）或高等专科学校（即"高专"），中专学校的办学质量开始下降，生源也一度成为问题。进入21世纪以后，在国家政策支持下，中专学校再度成为我国中等职业教育的中坚力量。目前，在中等职业教育阶段，中专学校的办学规模最大。

技工学校。20世纪50年代由劳动部门负责创办技工学校，开始培养技术工人。改革开放之前的技工学校一般都附属于某个国有大中型企业，因此，比较注重学生岗位技能的培养，学生到企业实习的时间比较有保证，学生毕业后对口到企业里就业也比较容易。但到了20世纪90年代，随着我国国有企业改革步伐的加大，大批工人面临失业，"铁饭碗"不保，一直受到国有企业支持的技工学校也面临着办学困境，学生实习和就业不再有保障。因此，一些技工学校不得不谋求改革。例

---

① 王仁伟. 坚持改革创新为职业教育高质量发展赋能［J］. 新教育时代电子杂志（学生版），2020（9）：287.

如：有的技工学校与其他职业学校合并；有的寻求地方教育当局的支持，尤其是在招生和升学、就业方面，希望享有政策同等待遇。目前，随着我国产业升级和结构调整，技工学校大多数都改称"技师学院"，以培养高级工和技师为主，并且在转型发展过程中，技工学校也尽可能地保持自身办学特色，提升人才培养质量。

成人中等专业学校。简称"成人中专"，此类学校主要招收成人，学习专业技术，以就业为导向。学员主要来自在岗职工、失业工人、辍学青年等。学习形式可以是全日制的，也可以是非全日制的。

成人中专学校的数量比其他三类学校要少很多。全国教育事业发展统计公报显示：2014 年，我国成人中专学校有 1457 所、招生 74.16 万人、在校生 194.36 万人，而普通中专学校有 3536 所、招生 259.66 万人、在校生 749.14 万人，后者分别是前者的 2.4、3.5、3.9 倍之多。

当前，随着我国教育领域改革的逐步深入，上述四类中等职业教育机构，无论是办学目标和发展定位，还是生源数量和培养质量等方面，都面临着新的挑战。

2. 高等职业技术教育

在我国，高等职业技术教育主要包括高等职业技术学院、高等专科学校、成人高校，以及在部分中专学校设立的五年一贯制专业、普通本科院校设立的高等技术学院等。一般认为，我国的"高职"，主要是指专科层次，因为本科层次的职业教育在办学实践上早已存在。

高等职业技术学院。我国的高等职业技术教育从 20 世纪末开始快速发展，其中的大部分高职院校都是在原中专学校的基础上升级而来，另有一小部分属于新建学校，这类学校多半属于民办性质。由中专学校升级的高职院校一般都由地方政府举办，属于公立学校。这些学校主要招收普通高中毕业生和中等职业学校的毕业生。进入 21 世纪以来，随着国家鼓励发展私立教育，有越来越多的企业、个人或民间团体开始开办高等职业技术教育。目前，高职教育已经占据了高等教育的"半壁江山"。

高等专科学校。改革开放初期，这类学校是我国高等教育领域的重要组成部分，培养专科层次的专业性人才。随着我国高等教育规模的扩大，高等专科教育的人才培养定位也发生了变化。国家要求所有高等专科学校和成人高等学校都应与高等职业技术学院一样，培养"高级技术应用型人才"，因此把这些院校实施的教育统称为"高职高专教育"。目前，高专学校已为数不多，大部分都已升格为本科院校。

除了上述两类高职院校外，还有 20 世纪八九十年代开办的短期职业大学、20 世纪 90 年代开办的职业技术师范学院、20 世纪 90 年代后期在高校中建立的职教师资培训基地等，而且职业技术师范学院和职教师资培训基地所在学校专业都是培养本科层次的专业课教师，因此属于本科层次的职业教育。

（二）职业教育的类型

职业教育类型，可以根据不同的标准，从多个层面进行分类，如：学历职业教育与非学历职业教育；全日制职业教育与非全日制职业教育；学校为主的职业教育与企业为主的职业教育；公立职业教育与私立职业教育；等等。

上述每一种划分又有多种具体的形式，如就非学历职业教育中的职业培训而言，就有岗前培训、在职培训、转岗培训、再就业培训等。在我国，能够承担职业培训任务的机构很多，除了高等院校、职业院校外，还有数量众多的职业培训机构。这些培训机构有公办的也有民办的，广泛分布在大中小城市。经过多年的发展，我国职业教育体系日趋完善，逐步从一次性的就业教育转向可持续发展的人力资源开发教育；从以中等职业教育为主转向中等职业教育与高等职业教育并重；从以学历教育为主转向学历教育和培训并重；从注重数量的扩张转向数量、质量与效益并重；从单纯的学校教育转向全社会共同参与、校企和政府共同努力。已基本建立起有中国特色的现代职业教育体系。

## 二、职业教育的行政管理体制

改革开放初期，我国职业教育的行政管理体制比较复杂，教育、劳动、人事、财政、运输等多部门和国有企业都在办学，除了在招生人数和课程设置方面教育管理部门有指导性要求外，其他如经费投入、人才培养过程和毕业生就业等基本上遵循"谁办学谁主张"。这样的管理体制显然不利于发挥行业、企业和地方办职业教育的积极性。

20世纪80年代中期以后，我国开始对原有的教育体系进行调整和完善，明确中央与地方政府的责任，提高行业、企业、社会机构和个人的办学积极性。在职业教育领域，除了劳动部门所属的技工学校和职业培训机构外，其他各级各类办学机构，如财政、人事、交通、国有企业等所属职业教育机构，都逐步统一到教育部门管辖之下，明确了政府主导、地方管理、各方参与的基本原则。

总体上，我国职业教育行政管理体制特点可概括为"两级、多部、五层"。"两级"是指中央和地方，"多部"是指教育部、人力资源和社会保障部（原劳动部）等相关部委，"五层"是指中央一层和地方四层，即省—地（市）—县（市）—乡镇四级办学体制。高等职业教育大多属于省级和市级教育管理部门管辖，中等职业学校大多属于市级和县级教育管理部门管辖。原先由各省、市、县级劳动部门管理的技工学校（部分又称"技师学院"）也将纳入所在地教育行政部门管辖。

在我国，主管职业教育的权力机构包括国务院及其下属的职能部门，主要指教育部、人力资源和社会保障部、财政部等。国务院依据宪法设立并行使国家对职业教育的领导权，教育部是主管全国教育事务的教育行政组织，主要行使对职业院校和部分职业培训的宏观管理，人力资源和社会保障部承担一部分行政管理，主要负责技工学校和技师教育及职工培训。目前，部分省份技工学校的招生计划、师资队伍、办学经费等已纳入教育部门管理。依照行政建制，教育部、人力资源和社会保障部设置主管职业教育和培训的专门司局，如职业教育与成人教育司、职业培训和技能鉴定局是综合性的职能机构。

地方职业教育行政组织是各地方政府设置的主管职业教育事务的职能机构。省（自治区、直辖市）教委或教育厅、劳动厅设置相应职能机构，如职业教育处（职业教育与成人教育处）、培训处等；地（市）教育局和劳动局一般设有职教科（职社办）、培训科等；各县（市）情况不同，有专门设职教科，有与其他科室混编在一起。乡镇一般设有职业教育和成人教育专干，但这些年来乡镇一级开展成人教育和职业教育的功能普遍弱化，许多机构形同虚设。总之，我国的职业教育行政系统比较复杂，是在国务院领导下，由教育行政部门、劳动部门、行业部门等共同参与，形成齐抓共管的格局。

从管理分工上看，职业学校主要属于教育行政部门管理，但也存在多头、多级管理的情况，如技工学校原则上是属于劳动部门管理。职业培训以劳动部门为主，同样存在多头、多级管理的问题。多头管理的好处是可以调动各方面积极性，不足之处是容易导致办学过程混乱、质量标准难统一现象发生，需要国家制定一系列的法规和政策进行规范。

### 三、职业院校的管理体制

目前，我国大多数职业院校的管理体制基本遵循"校长领导下的负责制"，其具有传统科层制特点，即"层级多、幅面宽、条块结合"。

从纵向来看，多是三层制，即高层、中层和基层。高层即校级领导，职位有校长、副校长、校长助理，党委书记、副书记等；中层管理人员，即学校业务"条""块"负责人，包括各专业（院、系、部）主任、教务主任、招生办主任、督导室主任等；基层主要是指科室工作人员和工勤人员。

从横向设置来看，以"四部制"为主，即党委部门（党办、纪委、工会、团委、学工等）、行政部门（校办、教务处、招生就业办学生处、人事处、督导室、计财处等）、教学教辅部门（各专业和公共教学部、实训中心、图书馆、电教信息中心等）、科研产业与后勤部门（科研处、校办企业、培训部、基建后勤等）。

我国现行职业院校内部管理体制是在我国职业教育发展过程中不断完善的。这种体制具有一定的稳定性，能够保证职业院校基本教育教学活动的正常开展，为我国职业教育的发展做出了很大的贡献。随着形势的变化，这种管理体制的不足也暴露出来，还需要进一步改革和创新。

## 第二节　职业教育规模的发展

20 世纪 80 年代之前，我国的职业教育主要以初等和中等层次为主，高等职业教育比较少见。改革开放以后，随着工业化发展对人才需求结构的变化，中等职业教育成为职业教育体系中的主要组成部分，高等职业教育（专科层次）也得到快速发展。到 21 世纪初，高等职业教育的规模已占整个高等教育的一半左右。与此同时，初等职业教育大幅萎缩，仅有很小部分存在。到目前为止，中等（高中段）、高等（专科为主，小部分本科层次）职业教育仍然是我国职业教育体系的最重要组成部分，代表了我国职业教育发展的基本方向。但随着终身教育、全民学习的发展，各类职业培训也呈现蓬勃发展的趋势。

### 一、中等职业教育规模的发展

20 世纪 80 年代，我国开始对教育体系进行较大调整，重点是对中等教育结构进行改革。积极发展中等职业教育，解决普通高中比例过高问题，逐步建立起普通教育、职业教育协调发展的教育体系。到了 20世纪 90 年代，我国职业教育已经形成了一定的规模，呈现加速发展的趋势。

（一）20 世纪 80 年代：中等教育结构的调整

在 1978 年 4 月召开的全国教育工作会议上，中国改革开放的总设计师邓小平同志率先提出要改革中等教育结构。1980 年，国务院批准了教育部和原国家劳动总局印发的《关于中等教育结构改革的报告》，开始对全国中等教育进行结构性调整，重点是要积极发展职业教育，强调在高中阶段扩大中等专业学校、技工学校的比例，并将部分普通高中改办成"职业高中"。①

1985 年 5 月 27 日，中共中央出台了《关于教育体制改革的决定》，明确提出："造就数以亿计的工业、农业、商业等各行各业有文化、懂技术、业务熟练的劳动者。"要求有计划地将一批普通高中改为职业高中，或者增设职业班，力争在 5 年左右时间，使大多数地区高中阶段的职业教育招生数与普通高中的招生数大体相当，扭转中等教育结构不合理的状况。据统计，到 1985 年年底，全国共有中等专业学校 2529 所（不含中等师范学校），在校生 101 万人；技工学校 3548 所，在校生 74 万人；职业中学 8070 所，在校生 229 万人；全国各地劳动部门举办的培训中心 1345 所，共培训了 177 万人。各类中等职业学校在校生占整个高中段比例的 35.30%，招生占 39.60%。

1988 年，全国中等专业学校比 1978 年增加了 1260 所，在校学生人数比 1978 年增长了 1.3 倍，农业中学、职业高中在校学生人数比 1980 年增长 7.7 倍。在恢复和发展农业中学、职业高中的同时，还在普通中学里增设了职业技术课程。1988 年，中等职业学校在校生 555.7 万人，占高中段在校生总数的比重从 1980 年的 14% 提高到了 42.70%。

1986 年，原国家教育委员会、国家劳动人事部等多个部委联合在北京召开全国职业教育工作会议。这是改革开放以后召开的第一次全国职业教育会议。会议提出，要在 1990 年前后使全国大多数地区高中阶段职业学校的招生数与普通高中的招生数大体相当；5 年内培养出 800 万名初级、中级技术人员和管理、服务人员，初步改变人才结构不合理的状况；要培养上千万新的技术工人，努力提高中级、高级技工的比例，使多数初中、高中毕业生在就业前能够接受不同程度的职业培训；

---

① 李伟. 双向赋能，做职教改革创新发展排头兵：专访苏州市职业大学党委副书记、校长曹毓民 [J]. 中国教育网络，2020（12）：73-74.

办成一批能起到示范作用的学校和培训中心；积极推行"先培训，后就业"政策等。自此，我国职业教育走上了蓬勃发展的道路。

（二）20世纪90年代：中等职业教育规模的快速发展

自1985年中共中央发布《关于教育体制改革的决定》以来，我国职业教育取得了巨大发展。到1990年年底，各类职业学校已发展到1.6万多所，在校生超过600万人，同时全国还建有就业培训中心2100多个，每年培训待业人员90多万人；高中阶段各类职业学校和普通高中的招生人数之比已接近1：1，在校学生占高中段在校生总数1322万人的45.70%，中等教育结构单一的状况有了很大的改变。

1991年和1996年，国家分别召开了第二次和第三次全国职业教育工作会议，研究部署国家职业教育发展规划。到1997年，我国中等职业教育招生数达到30.88万人，在校生总人数达到80.89万人，分别比1990年增长了59.50%和68.90%，招生人数和在校生人数年均分别增长6.90%和7.80%。中等教育结构进一步趋于合理。到1997年，高中阶段各类职业学校在校生人数占高中阶段学生总数的比例已达到56.17%，比1990年增加了8.6个百分点，顺利实现了"八五"规划提出的"1995年各类中等职业学校在校生人数占高中阶段在校生的比重达到50%以上"的目标，有的省份和地区甚至已达到60%。

20世纪90年代中期是我国中等职业教育规模发展最快的几年。1996年，全国高中阶段教育（包括普通高中、职业高中、中等专业学校、技工学校、成人中专、成人高中）共有学校3.8万所，在校学生共有2089.31万人。在整个高中阶段教育中，各类中等职业学校招生数和在校生数占整个高中阶段教育的比重分别为57.80%和56.80%，已经超过普通高中的规模。高中阶段职业教育的发展，一方面，满足了经济建设对各类初级、中级人才和劳动力的需求，促进了劳动者素质的提高；另一方面，缓解了高等学校的招生压力，对社会稳定做出了积极贡献。

（三）21世纪以来：中等职业教育的发展变化

由于多方面因素的影响，1999年开始，中等职业教育招生人数出现下滑趋势。2001 年，中等职业教育在校生人数跌到不足 1000 万人，2002 年中等职业教育在校生人数占整个高中阶段的比例下降到 38.30%，是 1990 年以来的最低水平。现在看来，造成"滑坡"的原因主要有四方面：一是自 1995 年起，国家开始对中等职业学校招生和就业制度进行改革。国家和政府不再下达指令性招生指标，学生和家长可以自主选择学校。毕业生就业国家不再包分配，实行用人单位和学生本人双向自主选择。二是在 1997 年之后，国有企业改革步伐加大，导致大批工人失业，"铁饭碗"被打破，对就业市场造成了较大的影响，中专毕业生也面临就业难问题。三是从 1999 年开始，高等教育开始大规模扩招，更多的初中毕业生选择了上普通高中，志在考大学而不是职业学校，中等职业教育失去吸引力。四是世界银行在 1998 年《21 世纪中国教育发展战略目标》中提出的若干项关于中国职业教育改革建议中，有一项内容是建议中国政府降低中等教育阶段职业教育的比例，积极发展两年制的高职教育。但实践证明，世界银行的职业教育政策明显有"水土不服"问题，同时也在一定程度上影响了中国政府发展职业教育的政策选择。这一阶段，中国政府明显加大了高职教育的发展，相应地忽视了对中职教育的发展支持。

1998 年到 2001 年的 4 年间，中等职业学校年招生从 530 万人减少到 395.22 万人，在校学生占整个高中段的比例也下降到 45.44%；而同期普通高中招生数从 359.55 万人增加到 555.98 万人，在校学生总数的比例上升到 54.56%。这一时期职业学校数量大幅减少，不少职业学校面临关门的境地。尤其是在中西部一些地区，由于职业学校招生人数逐年下滑，学费收入大幅减少，办学经费严重不足，教育质量难以保障。如四川凉山经济技术学校 2011 年招生 81 人，学校教职工却有 153 人。

2002 年，国家开始加大对中等职业教育的扶持力度，招生数量开始回升。2005 年和 2006 年，中等职业学校连续两年分别扩大招生 100 万人。到了 2007 年，全国中等职业学校发展到 14800 多所，当年完成扩大招生 50 万人的任务，招生规模达到 810 万人，占高中阶段招生总数的 49.10%。在校生达到了 1987 万人，普通高中教育和中等职业教育的招生规模已大体相当。中等职业教育的发展，大大促进了高中阶段教育的普及。2007 年我国高中阶段毛入学率达到 66%，比 2002 年提高了 23.20%。这期间，中央召开过多次全国职业教育工作会议。国务院先后于 2002 年和 2005 年出台了两个关于大力发展职业教育的决定，强调要把发展职业教育放在更加突出的位置，使职业教育成为面向全社会的教育。教育部、财政部等多部委联合行动，启动了"制造业和现代服务业技能型紧缺人才培养培训工程""中等职业学校专业骨干教师素质提升计划"，实施了县级职教中心和示范院校建设工程和职业教育学生资助项目，2009 年启动了农村职业教育免学费试点工程，等等。

国家对职业教育的经费投入大幅增加，推动了中等职业教育规模的稳定发展。到 2012 年，全国中等职业教育（包括中等专业学校、职业高中、技工学校和成人中专）共有学校 12663 所。其中，普通中专学校 3681 所，职业高中 4517 所，技工学校 2901 所，成人中专 1564 所（比上年减少 50 所）。中等职业教育招生 754.13 万人，占高中阶段教育招生总数的 47.17%。同年，中等职业教育在校生 2113.69 万人，占高中阶段教育在校生总数的 46.00%，毕业生 674.89 万人，比上一年增加 14.55 万人。

到了 2023 年（不含人社部门管理的技工学校），全国中等职业教育学校数量为 7085 所，在校生 1298.46 万人。

## 二、高等职业教育规模的发展

高等职业教育（全称为"高等职业技术教育"，通常简称"高职"），是改革开放以后我国高等教育领域进行结构调整和层次完善过程中创办的一种新的教育机构。高职的出现是在 20 世纪 80 年代初，后经 10 多年的实践探索，高职的办学模式逐渐得到认可，到了 20 世纪 90 年代末开始大力发展，至今仍然是我国高等教育和职业教育领域的重要组成部分。

（一）20世纪80年代：高职教育的初创

1978年以后，国家的工作重点转移到现代化建设上来，从而使教育的地位、作用也得到不断提高和加强。20世纪80年代，国家开始调整高等教育结构，提倡大城市、经济发展较快的中等城市以及大型企业开办高等专科学校和职业大学。

1980年，国家最早批准成立南京金陵职业大学、江汉职业大学等13所短期职业大学。1983年又批准新建了33所城市职业大学，1984年批准了22所。到1985年，单独设立的职业大学年招生总数达到3.01万，在校生6.31万。职业大学的创办在我国教育发展史上具有划时代意义，它意味着国家开始对原有的高等教育结构进行调整，也标志着我国高职办学的开端。这种面向经济、服务地方的短期职业大学，用较少的资源，提供了更多的入学机会，缓解了当时经济社会发展人才紧缺的问题，也为今后高职教育的发展提供了宝贵经验。

早期我国高等职业教育办学实践除了短期职业大学外，还有职工大学、干部管理学院等。在国家政策鼓励下，越来越多的企业办有职工大学，开展职工教育和培训活动。但由于受企业规模、经营实力、内部条件、自身需求等因素影响，各个职工大学的办学条件差异较大。为了适应经济社会发展的需要，1983年5月，国务院批准成立管理干部学院（如煤炭管理干部学院），招收具有高中毕业以上文化程度的在职管理干部，学制两到三年。与此同时，教育部还积极试办五年制高等专科教育，招收初中毕业生，在航空工业、机电工业、地震预测行业等进行小规模试点。

20世纪80年代前半期职业大学的创办，可以看作我国高职办学的实验期。之后，随着国家决策部门对世界教育发展趋势的研判，如对北美地区的社区教育、德国的高等专科学校的考察学习之后，提出了发展高职教育，包括建立中国职业教育新体系的战略构想。1985年，中共中央颁布《关于教育体制改革的决定》，提出要发挥中等专业学校的骨干作用，积极发展高职教育，"逐步建立起一个从初级到高级、行业配套、结构合理的职业教育体系"①。

（二）20世纪90年代：高职教育的稳步发展

1991年，国务院做出了《关于大力发展职业技术教育的决定》，再一次强调了"初步建立起有中国特色的，从初级到高级、行业配套、结构合理、形式多样，又能与其他教育相互沟通、协调发展的职业教育体系的基本框架"。1993年，《中国教育改革和发展纲要》提出要形成全社会举办多形式、多层次的职业教育局面。1994年的全国教育工作会议明确提出了通过"三级分流"建立初、中、高相互衔接的职教体系，确定了发展高职"三改一补"的基本方针，即改革现有的职业大学、高等专科学校和成人高校来发展高职教育，还可利用少数重点中专改制或举办高职班等方式作为补充。实际上，中专改办高职成为后来高职发展的主要路径。

1996年颁布的《中华人民共和国职业教育法》（简称"职业教育法"），明确提出"职业学校教育分为初等、中等、高等职业学校"，"高等职业学校教育根据需要和条件由高等职业学校实施，或者由普通高等学校实施"。高职发展的方向和定位逐渐明晰，发展路径进一步拓宽。职业教育法鼓励各类社会组织及公民个人举办高职教育和开展职业培训，在新中国教育史上第一次用法律的形式保护并调动社会和个人举办高等教育的积极性。此后，民办高职便纷纷创办起来，更好地满足了广大人民群众接受高等教育的愿望，同时也缓解了教育规模急剧扩大与国家教育资源严重不足的矛盾，初步实现了公办和民办教育共同发展，不断开创高职发展的新局面。

1997年，全国建有职业技术师范学院8所，主要为中职学校培养专业教师，以本科为主，也有专科。高等技术专科学校和短期职业大学417所，另外还有部分重点中专举办的五年制大专班。1997年，全国有成人高等学校1107所，其中广播电视大学41所，职工高等学校664

---

① 廖大凯.以大改革推动大发展，促进职业教育高质量发展［J］.教育科学论坛，2021
（27）：1.

所，农民高等学校 14 所，管理干部学院 161 所，当年招生总数近 100
万人。上述各类学校大都具有职业教育性质，也是后来扩大高职办学规
模的主要来源之一。[①]

1998 年，《中华人民共和国高等教育法》颁布，对高职教育的目
的、性质和定位等关键问题给出了明确的回答，指出了"高等学校是
指大学、独立设置的学院和高等专科学校，其中包括高等职业学校和成
人高等学校"。在法律上明确了高职属于高等教育范畴，为高职教育的
快速发展提供了法律保障。大力发展高职教育已是众望所归。

（三）1999 年以来：高职教育的快速发展

高职的大规模发展是从 1999 年开始的。职业（职工）大学的创办
可以看作举办高职教育的试验期，职业教育法和高等教育法的颁布，意
味着我国高职教育发展进入正式轨道，而"三改一补"方针的提出，
为各地举办高职教育进一步明确了方向，迎来了高职规模的快速扩大。

1999 年，国家高等教育开始大规模扩招，高职院校的数量从 1999
年的 474 所增加到 2005 年的 1091 所，5 年间增长了 1.3 倍。高职学校
占普通高校的比例也从 1999 年的 44.26%提高到 2005 年的 60.88%，增
长近 17 个百分点。高职教育招生从 1999 年的 61.19 万增长到 2004 年
的 237.43 万；在校生从 136.15 万人增长到 595.65 万人；毕业生从
40.67 万人增长到 139.49 万人。高职教育的大发展，拓宽了学生接受高
等教育的渠道，对整个教育体制改革产生了深刻的影响。

到了 2009 年，全国独立设置的高等职业院校 1200 余所，招生数达
313.4 万人，比 1998 年增长了 6 倍以上，与本科招生规模大体相当。在
校生 964.8 万人，比 1999 年增长了 8.2 倍，占了整个高等教育的一半。
全国高等职业院校毕业生数从 1999 年的 46 万人增加到 2009 年的 285.6
万人，增长了 5.2 倍。10 年来，高等职业教育为国家培养了近 1300 万
技术型专门人才，为国家经济建设和社会发展做出了积极贡献。2014

---

① 廖大凯. 以大改革推动大发展，促进职业教育高质量发展 [J]. 教育科学论坛，
2021（27）：1.

年，全国有高职（专科）院校 1327 所，比上年增加 6 所。2015 年，全国有高职（专科）院校 1341 所，比上年增加 14 所，校均规模达到 6336 人，生师比为 17.77：1。① 高职的办学质量和效益进一步提高。

据《2015 中国高等职业教育质量年度报告》显示：近几年来高职毕业生的就业率一直保持提升态势。2014 届高职毕业生毕业半年后就业率为 91.50%，比 2013 届提高 0.6 个百分点，比 2012 届高 1.1 个百分点，比 2011 届高 1.9 个百分点。这说明高职教育人才培养质量相对稳定、势头良好。适应大众创业、万众创新的要求，高职毕业生的自主创业人数也在不断增加。2014 届毕业生毕业半年后自主创业的比例达到 3.80%，比 2011 届增长了 1.6 个百分点。通过对高职毕业生的跟踪调查还发现，有 91% 的 2014 届高职毕业生为家庭第一代大学生，52% 的毕业生家庭背景为"农民与农民工"，这反映出高等职业教育在促进教育公平、阻断贫困代际传递方面功效明显。

在政策保障方面，2014 年年底，财政部、教育部出台了《关于建立和完善以改革和绩效为导向的生均拨款制度加快发展现代高等职业教育的意见》，明确规定 2017 年各地高职院校年生均拨款水平应不低于 12000 元。这一文件的出台使我国高职院校办学经费首次有了国家制度保障，当年中央财政共下拨奖补资金约 64 亿元。报告指出，全国有 23 个省份制定了高职生均经费拨款标准，但仍有近 1/3 的省份未出台相关政策，已经出台标准的省份也存在标准偏低、拨付不到位等问题。

在服务贫困地区和乡镇建设上，报告显示：在我国 14 个连片贫困地区，分布着 300 多所高职院校，约占全国高职院校总数的 1/5，高职院校毕业生留在当地就业的比例高达 53%，平均每所高职院校为当地提供的技术服务到款额超过 150 万元，非学历培训到款额超过 250 万元，公益性培训服务超过 1 万人次。

---

① 彭波. 互联网下半场新媒体演进趋势分析 [J]. 现代出版，2019（6）：54-61.

### 三、职业培训的发展

随着我国新型工业化的快速发展和大批农村剩余劳动力到城市就业，各类培训机构也纷纷建立起来。这些培训机构遍布全国大、中、小城市，形成了灵活开放的培训网络。这些培训机构既有政府部门所办，也有职业院校、企业、个人或团体所办，培训了大批熟练、半熟练劳动力。据统计，1990 年，全国成人培训学校在校生达到 1282.2 万人，有 1545 万经过培训的工人、农民找到了工作。到了 1996 年，全国成人培训学校有 44.28 万所，共培训学员 7698.19 万人次。其中培训工人 662.81 万人次，培训农民 837.02 万人次。① 2005 年，全国普通高校举办的各类成人非学历教育培训人数达 373.39 万人，中等职业学校举办的条类成人培训达 809.68 万人，职业培训机构培训学员 5934.19 万人。全国有职业培训学校（中心）19.86 万所，教职工 52.62 万人，专任教师 25.6 万人。到 2012 年，全国接受各种非学历高等教育的学生 394.84 万人，接受各种非学历中等教育的学生达 4969.81 万人。

除了对城市工人开展的在职、转岗、提升、再就业培训之外，对农民的培训也是培训工作的主要内容。改革开放以来，随着工业化、城市化进程的不断推进，我国有大量的农村剩余劳动力需要转移到城市就业。因此，开展农民工的职业培训问题任重而道远。

---

① 李明月. 赋能理念下建设职业教育创新发展高地的思考 [J]. 现代教育，2020 (2)：38-41.

# 第三章

# 职业教育发展的宏观背景和需求

## 第一节　职业教育发展战略的国际背景与主要模式

### 一、职业教育发展的国际背景分析

进入 21 世纪以来，经济全球化导致了经济结构性变革和经济方式的转变。2009 年全球金融危机后，全球经济遭受重创，发达国家改变发展策略，重新确立了实体经济的地位，并大力发展战略性新兴产业和高端制造业，国际产业发展出现"再工业化"的新趋势。随着制造业地位的不断上升，对人才特别是技能型人才的需求提出了新的要求，世界各国在激烈的国际竞争中，纷纷出台新的国家发展战略，并将技能型人才的培养作为国家发展战略的重要组成部分，国际组织也纷纷出台政策促进各国人力资源的开发和技能型人才的培养。

（一）国际产业和生产要素转移的新趋势

在金融危机的冲击下，经历了数十年去工业化的发达国家开始推进"再工业化"，寻求实体经济的回归。金融危机使发达国家陷入失业率上升、信贷增长乏力和财政状况恶化的困境。为尽快走出阴影，恢复国内经济增长，降低失业率，美国等发达国家先后出台"再工业化"的政策，发出回归实体经济的强烈信号。在"再工业化"浪潮中，发达国家促进工业发展，调整经济结构，提高实体经济比例，鼓励制造企业"回归"国内，并进一步加强技术、品牌、专利、标准等无形资产对经济增长的推动作用，发展高附加值新兴产业，淘汰低技术含量、资源浪费和环境污染的传统产业，通过信息化推动工业化向高端制造、先进制造发展，实现产业升级，夯实国民经济的基础，重塑国家的竞争优势。

1. 发达国家重振实体经济。为了重振本国经济，发达国家纷纷制定实体经济发展规划，在财政刺激方案中纷纷加大对实体经济的援助力度，寻找经济新的增长点。如美国在《国家出口计划》中加大对制造业的投资，积极开展对外出口。英国政府改变了"重金融、轻制造"的观念，制定新的战略目标以提振制造业，还提出制造业的五大竞争策略。日本制定了《制造基础白皮书》，加强信息家电、环境与能源等制造业领域的技术研究开发。除了扶持制造业的发展以外，发达国家还不断扶持战略性新兴产业，将绿色能源、生物技术、纳米技术等新兴产业作为"再工业化"的重中之重，出台各种优惠政策促进其发展。

2. 加大教育和研发投入。重视高素质人才和产业工人的培养是提升国际竞争力的源泉，发达国家在"再工业化"的过程中，十分重视人力资源的开发，不断加大教育和研发投入。如美国投入大量资金作为教育科研投入，重振了美国的科研实力并使劳动生产率增速。英国通过减税政策推动研发和教育事业，提出 72 项建议，进一步推进技术人员培养，给予制造业教育培训以及研发支持，帮助企业培训员工，提高劳工技能。日本提出了"技术革新战略路线图"，强化推进研发体制创新，同时提出"产业集群计划"，促进"产官学"人力资本网络的形成。为了确保提供充足的受过科学及工程训练的工人，欧盟鼓励学生进入科学和工程领域学习，通过无息贷款等方式来促使国内学生接受科技教育和培训。政府与企业密切配合，确认新出现的职业技能并有针对性地提供财政激励，鼓励企业为科学技术领域的毕业生提供实习机会。①

---

① 彭波. 互联网下半场新媒体演进趋势分析 [J]. 现代出版，2019 (6)：54-61.

3. 我国面临的挑战与机遇。金融危机后，发达国家的"再工业化"已初见成效，发达国家重新确立了实体经济和制造业的地位，投资不断向新型产业倾斜，教育等问题也受到了更多的关注。发达国家发展方式转变及其带来的国际经济格局变化不可避免地对我国的发展产生了重大的影响。

（二）全球人才需求的新变化

1. 全球技能型人才出现结构性短缺。技术与全球化重塑了全球各国的经济，各国市场和行业出现了势不可当的变革，全球劳动力市场的供需矛盾日趋凸显，特别是金融危机后，失业率居高不下，而雇主却面临着高素质劳动力日益短缺的难题。这种劳动力供应与雇主需求之间的供需矛盾主要表现为人才的结构性短缺，特别是技能型人才的严重短缺。

劳动力需求的结构性短缺，将使中国、印度等发展中国家以不同的方式承受劳动力失衡的潜在影响。高素质劳动力的供应不足将延缓中国等发展中国家发展高附加值产业的步伐，并制约劳动生产率的提高，而劳动生产率的提高对发展中国家特别是中国经济增长的作用日益凸显。

2. 科技创新和产品创新对技能型人才素质提出了新要求。21世纪，大量科技创新和产品创新不断涌现，社会变革速度进一步加快，人们生活和工作的各方面将从根本上发生改变，社会发展和生产对从业人员的素质和技能提出了新的要求，不少职业岗位技能的内涵和外延处于不断分化与复合、提升与发展的变化之中。新的科技方式的涌现，推动世界技术技能普遍发展，所有的工作都可以数字化、自动化和进行外包，这些变化直接反映了市场对劳动力技能的需求。

近年来，随着科技创新的不断涌现，新材料、数字和纳米制造、先进机器人、3D印刷等革命性技术不断涌现，这一切将加速各种技能的发展和变化。产品和科技的日新月异，企业的一切将通过智能软件运行，企业生产对普通一线操作工人的需求减少，而对具备更多的专业知识和技能的高素质人才需求增加。

总之，随着经济全球化趋势的深入发展，科技进步日新月异，经济结构调整不断加快，人力资源能力建设要求不断提高，社会对技能型人才的需求从数量型向质量型转变，用人单位已经把软技能作为选人用人的重要标准。因此，学校在人才培养上，要做到软技能不软、硬技能过硬，这样才能培养出具有良好的职业道德、熟练的专业技能、较强的可持续发展能力的高素质技能型人才，才能使培养的人才在激烈的竞争中具有比较优势。

（三）各国将职业教育纳入国家战略

各国在制定人才开发战略的同时，主要发达国家和国际组织对职业教育高度重视，纷纷出台政策，调整发展战略，将职业教育与培训的改革与发展作为本国经济社会综合发展战略的重要组成部分，使之成为应对社会经济、人口、环境挑战，以及实现高水平、可持续发展、促进就业和社会和谐的重要战略。

实现经济和社会发展模式的转型，把职业教育与培训的改革发展作为经济社会综合发展战略的一部分，充分发挥职业教育在实现经济的长期可持续发展，降低失业率，实现社会和谐与包容的作用，是职业教育改革发展的共同态势。

（四）国际机构推动技能人才培养和发展

为了应对高素质人才可能短缺的挑战，需要更加积极有效地推进以技能提升为重点的人力资源开发战略。从国际趋势看，在全球竞争日益加剧的背景下，人力资源素质已成为提高国家核心竞争力和开发人力资源的关键领域。除了各国从本国需要出发制定了科技强国战略外，一些国际组织也将人才素质和技能提上议事日程，加强对人才的技能开发政策的研究。

## 二、世界部分国家职业教育发展模式和趋势

从世界各国特别是发达国家职业教育改革与发展的历史进程和趋势分析，目前世界职业教育的发展模式可以概括为三种：一是以美国为代

表的融合式职业教育发展模式。二是以欧洲国家为代表的职业学校与企业合作培养模式。三是以澳大利亚为代表的不同教育类别衔接与沟通模式。对这三种模式进行分析和评价，总结世界职业教育的共同发展趋势，可以为我国职业教育改革与发展提供经验和启示。

（一）融合式的职业教育发展模式

融合式职业教育发展模式以美国为代表。美国的职业教育体系是普职融合的单轨制教育体系。从组织形式上看，没有独立的体系，不是孤立地游离于普通教育领域之外，而是融合在整个教育体系中。职业教育的课程和项目分布在各个阶段的教育系统中，通过课程植入和强大的学分互认及转换系统，实现对人的职业生涯与技术的终身培训。

（二）职业学校与企业合作培养模式

职业学校与企业合作培养技能型人才的发展模式以欧洲国家为典型代表，无论是德国和瑞士的双元制模式，还是英国的现代学徒制模式以及法国的工学交替模式都是通过职业学校与企业合作来培养技能型人才。

（三）不同教育类别衔接与沟通模式

不同教育类别衔接与沟通模式以澳大利亚为代表。不同教育类别之间，如职业教育与高等教育、基础教育与职业教育等，均设有明确的桥梁机制。这使得学生能够根据自身需求和兴趣，在不同教育阶段之间平滑过渡，从而实现个性化发展。这种模式不仅提高了教育的包容性，还增强了教育系统的整体效率。

从世界职业教育发展与改革的趋势来看，我国职业教育改革与发展可以从中得到启示。一方面，要加强职业教育的纵向衔接和横向贯通，构建有效衔接和渗透的职业教育体系；另一方面，要加强职业教育的校企合作、工学结合，完善职业教育的投入机制，提高职业教育经费的投入效益，提高职业教育质量。同时要加强职业教育的职后培训，将职业教育的职前和职后有机结合起来，构建终身学习的职业教育。

## 第二节　职业教育发展的国内环境与需求

改革开放以来，我国经济发展突飞猛进，人民生活水平有了很大提高，创造了举世瞩目的经济奇迹。然而，在新的历史阶段，由于传统经济赖以增长的"粗放型"发展方式存在种种弊端，同时我国经济发展面临资源短缺、成本上升、产能过剩、出口受阻、环境污染、人口红利消失等诸多挑战，传统的经济发展模式已难以为继。经济转型、产业升级势在必行。党的十八大明确提出要转变发展方式，实施新型工业化、信息化、城镇化、农业现代化发展战略（"新四化"），在"新四化"发展战略中，新型工业化和新型城镇化二者相辅相成、互为依存，是驱动新时期我国经济社会持续健康发展的重要双轮。新型工业化和新型城镇化将导致新时期我国经济和社会的发展对教育和人才的需求发生深刻的变化，需增加应用型、技能型、复合型人才的供给，这客观上要求加快发展职业教育。

全面建成小康社会迫切需要具有中国特色、现代化水准的职业教育提供更加有力的支撑。党的十八大报告适时提出"加快发展现代职业教育"，中国职业教育发展由此进入新的历史阶段。就目前而言，我国传统的职业教育发展模式与经济社会对人才培养的需求总体上还不相适应。为了更好地服务于新型工业化、新型城镇化发展战略，满足经济和社会发展对教育和人才的需求，在新的历史时期应实施怎样的现代职业教育发展战略以及为保障现代职业教育健康发展需要哪些体制机制方面的创新，无疑是迫切需要深入研究的重大课题。

### 一、传统的经济发展模式难以为继，经济转型、产业升级势在必行

改革开放以来，我国经济发展突飞猛进，年均增速达9.70%，创造了举世瞩目的经济奇迹。虽然改革开放至今，我国经济取得了很大的发

展，人民生活水平有了很大提高，但不可否认的是，这四十年的高速增长主要是靠巨额投资、大量耗费资源实现的，这是一种典型的"粗放型"经济发展方式，是不可持续的。

在新的历史发展阶段，中国经济的持续发展面临的最主要挑战是发展模式所面临的挑战，即现有发展模式存在的重大缺陷将严重阻碍我国经济实现"关键一跳"。我国传统经济发展模式面临的挑战主要包括以下几方面。

第一，国际环境依然不容乐观。在全球经济再平衡和产业格局再调整的背景下，全球供给结构和需求结构正在发生深刻变化，庞大的生产能力与有限的市场空间之间的矛盾更加突出，国际市场竞争更加激烈，我国面临着产业转型升级和消化严重过剩产能的巨大挑战。

第二，内部体制出现障碍。中国能够快速发展到现在，主要依靠的是以廉价劳动力以及迎合外部需求的生产导向为基础的旧有模式。旧模式中的制度红利、人口红利和全球化红利把中国带到第二大经济体的位置上，但是现在这三大红利已基本耗尽。中国人口日趋老龄化，人口红利逐渐丧失，"刘易斯拐点"因计划生育政策而提前到来。2012年，中国劳动力数量首次出现减少，并以历史最快速度从劳动力过剩向劳动力短缺转变，劳动力成本随着经济的增长和老百姓生活水平的提高呈趋势性而非周期性的上升。经济增速放缓，现有发展模式的所有弊病都达到了高峰。[①]

第三，面临中等收入陷阱的威胁。根据国际发展的经验，新兴市场国家进入中等收入阶段后，快速发展中积聚的矛盾将会集中爆发，自身体制与机制的更新进入临界点，导致经济增长动力不足，使原本良好的发展势头转变轨迹，就像掉入陷阱一样，最终出现经济停滞。很多发展中国家在这一阶段经济增长回落或长期停滞，陷入所谓的"中等收入陷阱"。典型的表现是20世纪后半期若干拉美国家。2013年我国人均GDP

---

① 董盟君. 媒体深度融合的思考与实践［J］. 传媒，2020（22）：31-35.

已达 6700 多美元，正处于走出"中等收入陷阱"的艰难爬坡阶段。

综上所述，在新的历史条件下，依靠劳动力以及土地、能源、资源、环境等低成本的经济发展模式已难以为继，经济转型已刻不容缓，产业升级势在必行。

## 二、新型工业化、新型城镇化将成为推动中国新一轮经济增长的主要引擎

面对传统发展模式的种种弊端以及新形势下我国经济发展面临的诸多制约因素，为保持经济的持续健康增长，党的十八大明确提出，"以科学发展为主题，以加快转变经济发展方式为主线，是关系我国发展全局的战略选择"，"坚持走中国特色新型工业化、信息化、城镇化、农业现代化道路"①。可以说，从"粗放型"发展转向"科学发展"，"转变发展方式"的效果决定着新时期我国经济社会发展的质量。"转变发展方式"的具体内涵是"推动信息化和工业化深度融合、工业化和城镇化良性互动、城镇化和农业现代化相互协调，促进工业化、信息化、城镇化、农业现代化同步发展"②。

工业化是现代化的基础和前提，其发展水平是国家经济增长和社会进步的重要体现。随着我国发展环境、比较优势和内部动力机制的深刻变化，走中国特色新型工业化道路、推动经济发展方式转变，成为关系到我国经济发展全局的战略抉择。我国的新型工业化应抓住经济全球化以及新技术革命带来的发展机遇，积极参与世界范围内的资源优化配置，探索走出一条科技含量高、经济效益好、资源消耗低、环境污染少、人力资源优势得到充分发挥的新型工业化路子，强调通过全方位的协同推进和转变发展方式，实现持续的经济增长和社会全面进步。与我国传统的工业化道路相比，新型工业化道路的"新"主要表现在以下

---

① 董盟君. 媒体深度融合的思考与实践 [J]. 传媒，2020 (22)：31-35.
② 董盟君. 媒体深度融合的思考与实践 [J]. 传媒，2020 (22)：31-35.

几方面。

在工业化与信息化的时序方面，传统工业化与新型工业化顺序相反。传统工业化是在完成工业化任务之后才推进信息化的，世界多数国家都是这样处理工业化和信息化关系的。而我国的新型工业化，是以信息化带动工业化，实现生产力的跨越式发展。我国是一个发展中国家，目前工业化的任务远未完成。如果在完成工业化任务之后再发展信息化，将难以追上世界经济前进的脚步。同时，近年来我国信息化发展很快，我们完全可以把工业化与信息化结合起来，在工业化的过程中推进信息化，以信息化带动工业化，以工业化促进信息化，从而发挥后发优势，实现生产力的跨越式发展。

在处理工业化与可持续发展的关系方面，传统工业化是以大量消耗资源、牺牲环境为代价，走的是"先发展经济，后治理环境"的路子。新型工业化则坚持实施可持续发展战略，强调在工业化过程中，严格控制人口增长，注重资源节约、生态建设和环境保护，提高工业产品的科技含量，努力降低资源消耗和环境污染。做到经济建设与人口、资源、环境协调发展，实现新型工业化与可持续发展的良性互动。

在城乡发展方面，新型工业化坚持城乡协调发展，走一条工业与农业、城市与农村、市民与农民尽可能协调发展的道路。通过工业化和城市化，把农村富余劳动力转移到生产率增长和市场空间可以无限扩张的工业和服务业中，从根本上解决众多人口争夺有限农业自然资源和市场的矛盾，为城乡一体化发展创造条件。

在处理工业化与发展服务业的关系方面，传统工业化是忽视发展服务业，而新型工业化则大力发展服务业。传统工业化对发展服务业不太重视，具体表现在：一是内部结构落后，传统服务业比重过高，现代服务业发展明显滞后和不足。二是服务领域狭小，服务水平不高，品种少，手段落后。三是总量不足，比重过低。新型工业化的推进离不开第三产业，尤其是生产性服务业的支持，而工业部门的发展也为第三产业提供了巨大的市场空间。新型工业化走的是以信息化带动工业化的新路子，这将引起工业部门对信息化程度较高的生产性服务业的强烈需求。通信、信息、计算机网络服务、综合技术、文化创意和设计、保险、商务、科技等服务业，充当工业化进程中的基础设施，以信息技术产业为主导的现代服务业将是新型工业化和经济增长的主要源泉。

众所周知，城镇化是现代化的必由之路，是解决农业农村农民问题的重要途径，是推动区域协调发展的有力支撑，是扩大内需和促进产业升级的重要抓手。我国新型城镇化走的是以人为本、四化同步、优化布局、生态文明、文化传承的中国特色的新型城镇化道路，它强调以人为核心的城镇化，有序推进农业转移人口市民化；以城市群为主体形态，推动大中小城市和小城镇协调发展；以综合承载能力为支撑，提升城市可持续发展水平；以体制机制创新为保障，通过改革释放城镇化发展潜力。与传统的城镇化相比，我国的新型城镇化主要有以下几个特点。

第一，新型城镇化是城乡统筹的城镇化。新型城镇化则要求着力在城乡规划、基础设施、公共服务等方面推进城乡一体化，促进城乡要素平等交换和公共资源均衡配置，形成以工促农、以城带乡、工农互惠、城乡一体的新型工农、城乡关系。

第二，新型城镇化是更大限度撬动内需的城镇化。我国正处于重要战略机遇期，全球经济的持续低迷也引发我国经济进入实质转型期和个位数增长阶段。这就决定了扩大内需已成为保障我国经济平稳增长的根本大计。国际经验告诉我们，在城镇化比率达到65%～70%之前，城镇化的速度几乎是线性的。因此，未来几年中国新增城镇化人口仍将以每年两千万左右的规模递增。而李克强提出的"三个一亿人"（一亿农业转移人口在城镇落户、一亿人脱离棚户区、一亿人在中西部就近城镇化）的目标是对这种趋势的一种政策肯定，也有助于消化中西部部分城市住房供应过剩的问题。新型城镇化蕴含着巨大的投资与消费需求，加快推进人口城镇化进程，以城镇化为主要载体扩大内需，充分释放城镇化的需求潜力，是中国走向公平可持续发展的立足点和战略重点。

工业化与城市化是现代化进程中的一对孪生子，以城市化推进工业化、以工业化促进城市化，是新型工业化道路的重要内容。工业化是城镇化的助推器，只有不断提高工业化水平，才能创造城镇化的现实基础和内在动力。新型城镇化的推进必然为新型工业化的发展提供一个空间和服务平台，同时，新型工业化又能成为新兴城镇化推进的基础和内在动力。在新的历史时期，以工业化为主动力、信息化为融合器、城镇化为大平台、农业现代化为根本支撑，促进城镇化与工业化、信息化和农业现代化的"四化"同步发展，构成了当今我国现代化建设的核心内容，其中新型工业化、新型城镇化将成为推动中国新一轮经济增长的巨大引擎。

### 三、新时期人才需求结构发生深刻变化，客观上要求加快发展职业教育

历史和现实都表明，一个国家的经济社会发展、产业结构升级和优化都需要合理的人力资源结构来支撑，而合理的人力资源结构需要合理的教育结构帮助实现。随着我国新型工业化、新型城镇化的快速推进，区域发展战略和战略性新兴产业布局的逐步实施，产业转型与经济发展方式的快速转变，经济社会发展对教育和人才的需求都发生了深刻的变化。

#### （一）工业化与信息化的深度融合对劳动者的技能要求普遍提高

在经济全球化和新技术革命的背景下，尤其是工业化与信息化的互动，成为新型工业化道路的本质特征和精髓。在工业化进程中引入信息化，不仅大大丰富了工业化的内容，而且势必改变传统经济的发展模式，推动业务流程重组、生产要素重组，进而推动传统经济的转型。

工业化与信息化的深度融合不断提高劳动手段的机械化、电气化、强速化、精密化和自动化，极大地推进了生产、经营、流通等各领域实现装备智能化、生产过程自动化和经营管理网络化，从而广泛利用信息设备、产品和信息技术，要求广大的生产操作人员和服务人员成为"技能型"，甚至是"多种技能复合型"和"知识技能型"的新型员

工。同时，要求经济生产组织的现代化，推进生产实现高度集中化、专业化、协作化和联合化，以实现精密加工和有效控制，使之具有较高的劳动生产率。当今产业技术向生产、流通等现场一线大量下移渗透，带动了技术工人岗位急剧增长。新型工业化与职工素质的现代化紧密相随，要求拥有大量素质高、技术熟练的生产工人、科技人员与管理人员。

（二）产业结构的升级和优化对技能型人才的需求愈加强烈

经济发展的过程就是产业结构逐步升级和优化的过程。党的十八大提出，推进经济结构的战略性调整是加快转变经济发展方式的主攻方向；优化产业结构，推动战略性新兴产业、先进制造业健康发展，加快传统产业转型升级，推动服务业特别是现代服务业发展壮大，合理布局和建设基础设施和基础产业，是经济结构调整的重要任务。产业从劳动密集向技术密集转变，归根结底要靠劳动力素质的提高。先进的科研成果要转化为有竞争力的产品，技术工人是关键因素。没有一支掌握精湛技能的人才队伍，再先进的科技和机器设备也很难转化为现实生产力。近年来低端劳动密集型制造业大量转移到东南亚、南美、非洲国家的趋势，更是在提醒我们要加快转型升级。要实现转型升级，必须培养大批高技能人才。这一需求在先进制造业、现代服务业和现代农业中表现得尤为强烈。

1. 先进制造业。先进制造业要实现产业提升，掌控产业价值链的高端环节，亟待加快信息技术与先进制造技术的深度融合，通过运用先进实用技术和高新技术对传统产业进行改造和提升。同时，需进一步加大重点行业关键技术的研发力度，加快新兴科技与传统产业的有机融合，促进新技术、新产品和新业态的发展。这对劳动者的科学文化和技术素养提出了更高的要求，有必要建立以技能人才为主体的职业队伍，不断壮大专业技术人员队伍，培育一批高层次复合型人才。

目前我国各地，尤其是东南沿海地区，连续几年出现"技工荒"现象。技能型工人招工难，反映的是转型升级过程中中高级技能人才的短缺。有学者指出："经过多年来改革和发展，一些产业和企业生产技术达到国内先进或者国际先进水平。相比之下，生产一线劳动者人力资本质量提高较慢，与固定资本技术水平较高的情况不相适应。"①

　　这在全国各地是一个较为突出而普遍的现象。以天津为例，天津是现代制造业基地，对高素质劳动者和技能型人才的需求量极大，特别是近年来随着滨海新区开发开放和大飞机、大火箭、百万吨乙烯、千万吨炼油等多项重大项目的逐步推进，各类人才缺口很大，其中机械、电子、冶金、化工、汽车、能源、生物医药、航空航天等八大类专业人才需求量最大。天津历届市领导都反复强调："高端人才可以引进，但百万产业大军无法引进，要靠职业教育来培养。"②

　　2. 现代服务业。现代服务业具有明显的知识经济特征，联系度广、渗透性强，能带动三大产业在更高水平上协同发展，是国家经济转型发展的重要依托。以下这些现代服务业的人才需求应该格外受到重视。

　　第一，支持产业转型升级的现代服务业。如金融业的发展需要金融财务、保险核保、理财服务等方面的应用技能型人才；信息服务及外包业需要信息传输、信息技术、信息系统集成实施、运行维护、测试评估、数据处理与运营服务等方面的职业技能型人才；现代物流业需要物流系统设计、物流信息集成等方面的专业技能型人才；电子商务等多种商业业态需要电子商务平台、客户服务等方面的业务技能型人才。

　　第二，适应人口和社会事业发展的现代服务业。如目前我国医生与护士配比不合理，医护比例仅为 1：0.99，每千人护士数仅为 1.85 人，农村更低，仅为 1.09 人。据世界卫生组织的资料显示，1998 年绝大多数国家每千人护士数达到 3 人以上，合理的医护比应达到 1：2，一些发达国家甚至超过了 1：6。随着诊疗技术的发展和医学分科的不断细化，疾病防控和医疗护理正向着专业化、高技术化、个性化发展，将形

---

① 郭琪，魏冬峰，侯典云，等. 新媒体技术在高校教育教学中应用的初步认识 [J].
　教育教学论坛，2020（9）：67-71.
② 郭琪，魏冬峰，侯典云，等. 新媒体技术在高校教育教学中应用的初步认识 [J].
　教育教学论坛，2020（9）：67-71.

成多层次、多规格的人才需求格局，疾病防控和保健护理类技能人才需求旺盛。

第三，适应城市社区和农村社区服务和管理的现代服务业。当前，我国社会工作者人员短缺、专业化水平低的问题十分突出。发达国家和地区的专业社会工作者占总人口的比例一般在2%以上，目前上海仅占0.35%，全国更低。该类人力资源开发的潜在需求巨大，涉及公共管理、心理辅导、法律咨询，文体等多种专业人才的需求。

3. 现代农业。现代农业必须从目前高消耗的粗放生产模式中转型升级。根据全国基本实现农业现代化的战略目标：用现代物质条件装备农业，用现代科学技术改造农业、用现代产业体系提升农业、用现代经营方式推进农业、依靠培养新型农民发展现代农业。现代农业的发展主要依靠提升科技含量、拓展延伸农业产业链和扩大规模经营，推进三大产业融合发展。但农村人口素质亟待改善。2010年，我国农村人口约占总人口的一半，第一产业从业人员占从业人员总量的36.70%。根据2010年第六次人口普查，16岁及以上的农业人口中，小学及以下文化程度占38.18%，初中文化程度占52.67%，高中文化程度占7.47%，大专及以上文化程度占1.68%。农村产业转型升级的关键在于农业人力资源的转型，农业从业人员的整体素质和职业技能亟待提升。

现代农业对技能人才的主要需求是：①为适应运用现代种业技术和规模化集约化、发展优良特色和多元多环节生产经营的要求，需要普遍提高农业生产劳动力的受教育程度和相关专业技术能力，形成一支能支撑现代农业发展，提高生产率，实现农村致富的专业技能和实用人才队伍。②形成一支支持优良农作物、畜禽水产种业培育繁殖及其新品种新技术转化、推广应用，以及病虫害专业化防治、抗灾减灾等关键技术集成应用的农业专业技术人才队伍。③大力发展涉农产品的深加工产业，培养涉农产品深加工的技能人才以及加工包装和冷链储运等现代物流技能人才。

（三）新型城镇化过程中大量农村富余劳动力的职业技能亟待提高

我国在工业化、城市化进程中每年都有大批农村转移人口，或外出或在本地从事非农产业，这些人即所谓的"农民工"。国家统计局公布的数据显示，2013 年，我国农民工总量已接近 2.7 亿，其中外出农民工 1.66 亿人，本地农民工 1.03 亿人。很显然，中国已经成为"农民工大国"。而与此相对应的是，农民工的整体素质明显偏低，受教育水平仍以初中文化程度为主。这些进入城市的农民工里面有一半的人没有接受任何形式的技能培训。这部分群体往往一没有专业技术，二没有足够的文化知识，即使有过短期的技术培训，进城后还是要从事建筑业、制造业或服务业的初级岗位工作，以满足大城市对于低层次劳动岗位的需求。这些劳动岗位主要有装修工、建筑工、修理工、装卸工、家政、餐饮服务员等。进城的许多农民工特别是新生代的农民工，都渴望可以通过打拼扎根于城市。可是没有受过良好的职业培训，又没有专业技术，他们的收入一般较低，工作也不够稳定持久，很难深层次融入城市的生活。可以说，农民工素质的提高主要依靠职业技术教育，通过职业技术教育，让他们有一技之长，这样既可以解决技工荒，又能改善他们的就业环境和生活条件。

我们应清醒地认识到，低素质劳动力既无法保障安全生产，也无法支撑亟待转型升级的中国经济，更遑论实现中华民族伟大复兴。为此，我们需要高度重视农村转移人口的人力资源开发。

### 四、发展现代职业教育是新时期一项十分迫切的重要任务

国内外经验表明，发展经济必须抓职业教育，改善民生必须抓职业教育，促进公平必须抓职业教育，职业教育是经济社会发展的基石，也是实现人的可持续发展的有效途径。改革开放以来，党和国家始终坚持把发展职业教育作为加快社会主义现代化建设的基础性工作，高度重视，大力推进。

现代职业教育是面向现代生产技术、生产方式，培养生产服务一线技术技能人才的教育类型。总体而言，我国传统的职业教育发展模式主要存在这样一些问题：（1）职业教育吸引力不强；（2）职业教育的结

构、质量与社会需求不相适应；（3）投入不足，办学条件较差；（4）"双师型"教师严重不足；（5）农村职业教育薄弱；（6）行业企业参与的积极性不高。为更好地服务于新型工业化、新型城镇化发展战略，对新时期我国现代职业教育的发展战略及其所需的制度创新进行深入研究，显然有其现实的迫切性和重要意义。

## 第三节　我国职业教育的进展、成效与问题

新世纪以来，国家抓住我国经济社会发展的大好机遇期，适时提出了大力发展职业教育的重大战略，我国职业教育得到了巨大发展，建成了世界上规模最大的职业教育体系，基本满足了广大青年接受良好教育的需求。职业教育作为人力资源开发体系的重要组成部分，培养了数以万计的高素质劳动者和技术技能人才，有力地支撑了我国世界制造业大国的地位，促进了经济快速发展和社会的持续进步，缓解了社会就业压力，为广大青年打开了通向成功的大门。但是，在我国转方式、调结构、促升级和惠民生的新形势下，职业教育还不能适应经济社会发展的需要，还存在一些亟待解决的突出问题。

### 一、我国职业教育取得重大进展

我国职业教育的发展是在技术积累层次较低，产业竞争力不强，社会阶层差距逐步拉大的经济社会发展背景下起步和发展的。面临着起点低、发展资源不足、基础落后等先天条件的限制。21世纪以来，国家为落实科教兴国战略和人才强国战略，推进我国走新型工业化道路，从社会主义现代化建设全局出发，把职业教育确立为经济社会的重要基础和教育工作的战略重点，成为应对社会经济、人口、环境挑战，以及实现高水平、可持续发展、促进就业与社会和谐的重要战略。

（一）加强立法与规划，让职业教育与区域经济社会发展结合更紧密

近年来，各级政府重视职业教育的发展与推进，把职业教育立法与规划作为政府推动职业教育发展的重要手段，把职业教育发展与当地经济社会发展密切联系起来，将技术技能型人才发展纳入当地人才发展规划，将职业教育发展与经济社会发展、城镇化发展、产业发展同步规划。各地相继出台了符合地方经济社会发展的中长期职业教育改革和发展规划、现代职业教育体系建设规划和关于支持现代职业教育发展的意见等重要文件，主动适应国家产业振兴计划，加快发展战略性新兴产业和生产性服务业的部署，把调整专业结构、技术结构及相应教学体系作为转变职业教育发展方式的重点，按照优化需求结构、供给结构、要素投入结构的方向，对地方职业教育科学规划、周密部署，职业教育服务区域经济社会发展能力不断增强。

（二）加大投入力度，职业教育基础能力得到进一步提高

随着对职业教育重要性认识的不断深入，各级政府加大职业教育投入，职业教育基础能力建设不断增强。除了增加职业教育的公共投入外，各级政府还不断完善职业教育经费投入机制，逐步提高教育费附加用于发展职业教育的比例，规定地方教育费附加用于职业教育的比例不能低于30%。同时，各级政府加强了对农村各类教育培训资源的统筹，农村基础设施建设经费、农村科技开发经费和技术推广经费有一定比例用于农村职业教育的发展。①

初步建立职业教育学生资助政策体系，促进教育发展和教育公平。高等职业院校学生享受国家奖学金、助学金和助学贷款，受资助面达20%以上。各地也努力增加对职业教育的投入，健全职业教育经费保障机制。各省、市（州）、县设置职教专项经费，围绕经济社会发展对技能型人才培养的需求，主要用于实施"职业教育实训基地建设""示范性职业院校建设""县级职校中心建设""职业院校教师素质提高"计

---

① 杨莉. 新媒体技术在高等职业英语教学中的应用研究：评《新媒体与大学英语教学的融合及应用探究》[J]. 新闻爱好者，2021（4）：23-26.

划。通过各级财政加大投入，各省教育办学资源不断丰富、办学条件持续改善。

（三）积极推进体制、机制创新，职业教育发展活力不断增强

围绕职业教育管理体制与办学机制的改革与创新，各地进行了积极探索与实践。一是加大省级政府统筹管理职业教育的权限，强化了各级政府对职业教育发展规划、资源配置、条件保障等方面的统筹管理。二是理顺职业教育管理体制，教育行政部门统筹协调和综合管理职业教育工作，相关部门分工负责职业教育的有关工作。三是依法落实各级政府举办职业教育的责任，扩大学校办学自主权。

管理体制改革有了新进展。各地不断探索职业教育管理体制创新，逐步形成了职业教育从部门管理向政府统筹管理转型，建立了职业教育工作联席会议制度，健全了政府统筹管理协调、业务部门牵头抓、相关部门密切配合、社会力量参与的职业教育管理模式。广东省着力强化市级统筹力度，以学校设置、专业调整、招生录取"三统筹"为抓手，优化制度环境，实现了各级各类职业教育统筹发展的"大职教"格局。各地积极鼓励职业院校、行业组织和骨干企业牵头组建职业教育集团，到2015年，职业院校参与集团化办学的比例将达到90%，2020年达到100%。发挥行业在制定职业资格标准、指导专业设置、深化教学改革、开展质量评价等方面的作用。

办学机制取得新突破。各地在建立统一、开放、竞争的职业教育办学机制方面进行了积极探索。例如，山东省着眼于营造民办职业学校与公办学校平等的发展环境，出台多项优惠政策，支持民办职业教育发展。一是办学活动规范的非营利性，民办职业院校可从办学结余中提取一定比例用于奖励出资人，奖励资金转为出资额，继续用于本学校发展。二是非营利性民办职业院校聘用的教师，按公办学校教师标准参加事业单位社会保险，并按事业单位社会保险政策享受退休待遇，有效解决民办职业院校教师的后顾之忧，让他们安心教书育人。三是公共财政通过定额补助、项目补助、专项奖励的方式对非营利性民办职业院校给

予支持。

（四）发展定位更加清晰，探索建立现代职业教育体系取得新进展

建立现代职业教育体系，需要科学界定各类职业教育人才培养目标和发展定位，从实际出发统筹中等与高等职业教育专业设置，一体化制定人才培养目标、教学方案、课程体系，从而实现人才培养的有机衔接。

课题组所到各省都提出了加快建立现代职业教育体系的意见，都把建立现代职业教育体系提上了议事日程。山东省把现代职业教育体系建设作为整个教育体制改革的重要突破口，对如何建构现代职业教育体系进行了深入研究，对职业教育人才培养的目标定位为：中等职业教育主要面向生产服务一线培养高素质的基本劳动者和技能型人才，并为高等学校提供具有一定专业技能基础的合格生源；高等职业教育主要面向生产服务一线培养技术型和高层次技能型人才；应用型本科教育主要培养工程型、高层次技术型以及其他应用型、复合型人才；专业学位研究生教育主要培养工程技术研发、高层次管理以及其他高层次应用型、复合型人才；职业培训面向全体劳动者，提高从业能力和职业素质，形成结构合理、类型多样、相互贯通、功能完善的职业教育培养格局和人才成长"立交桥"。并要求坚持大力发展中等职业教育，稳定高等职业教育规模并加快其内涵发展，扩大应用型本科和专业学位研究生教育比重，不断提高职业教育在整个教育中的比重，推进普教与职教协调发展。

（五）以优化结构和提高素质为核心，师资队伍不断加强

双师型教师队伍建设是职业教育发展的关键。近年来，国家出台了一系列有关针对专兼职双师型教师建设的政策，一系列政策的实施，使职业教育教师队伍建设取得长足进展，师资规模持续扩大，素质结构不断优化，管理制度日益完善。职业院校教师学历和水平的不断提升和明显改善，为职业教育改革创新提供了有力支撑。

职教师资的提质增速，归功于培养培训体系的不断完善。2022年，教育部依托高等学校、职业院校和企业，已建立了93个全国重点建设

职教师资培养培训基地、8个全国职教师资专业技能培训示范单位、10个全国职教教师企业实践单位，各地也陆续建立了300个省级职教师资培训基地。仅国家级基地就完成培养培训50万人次，省级培训也是如火如荼。

学校教师进企业，企业技师进校园，通过校企合作联合培养培训职业教育教师。职业教育的特性要求教师必须具有丰富的实战经验，才能教出动手能力强的学生。各地职业院校通过教师到企业顶岗实习和培训，提高教师的技能，同时聘任企业的技师到职业学校担任专职或兼职教师。据统计，超过15万名专业骨干教师参加培训，上万名教师取得更高一级的职业资格证书，从企业到职业院校兼职任教的高技能人才达2.7万余人次。人才的双向流动让职业教育焕发出蓬勃生机。

（六）以实现产学良性互动为出发点，校企合作机制不断完善

校企合作是职业教育健康发展的根本出路。各地把加强和深化校企合作，作为加快建设现代职业教育体系的重中之重，进一步扩大合作规模，深化合作内容，增强合作成效。一是学校主动针对企业需求推进教育教学改革，提高人才培养质量和办学水平，增强对企业的服务和支持能力。二是鼓励和引导企业深度参与学校教育教学。通过职教集团、专业建设指导委员会、学校理事会等形式，使企业参与职业院校教育教学改革，支持专业建设、教师培养和学生实习实训。一方面，鼓励企业将工厂开到学校，将学校办到工厂，在学校设立技术研发中心，创新职业教育成本转移支付机制，提高技术技能人才培养水平。另一方面，在企业建立实习实训基地，发挥好企业实训基地作用。三是出台鼓励校企合作的优惠政策。制定落实校企合作税收优惠政策的实施意见。推行职业院校学生实习责任保险制度，将学生实习实训补贴和投保经费统一纳入公用经费补助范围，确保专款专用。各地落实政府相关校企合作政策规定的各项财税激励政策，在各自权限范围内出台了更多的激励措施，引导和支持校企合作办学、合作就业、合作发展。行业主管部门发挥对职业教育的指导作用，大力推进产教结合，密切职业教育与产业的联系，

促进职业教育更好地适应产业发展实际需要。四是建立统一的"校企合作公共服务网络信息平台"。开展人力资源统计、预测、供求信息发布试点。五是完善就业准入制度，加强劳动监察，规范用工行为，由人力资源社会保障等部门依照法律法规对违反规定，随意招录不具备从业或执业资格人员的用人单位给予处罚。

各地经过不断探索已初步形成多层次、多类型的校企合作办学模式。一是政府主导的教产对接模式，如职教集团和企业校区。二是学校主导的教产对接模式，包括车间进校、教学工厂、股份制实训中心、承包生产线、校企合营等。三是企业为主导的教产对接模式——企业（产业园区）办校，企业办学可以密切学校与社会、学校与企业的联系，学校的专业设置、培养目标更有针对性。

## 二、我国职业教育发展社会成效显著

改革开放以来，我国职业教育的大力发展为我国的经济社会发展培养了数以千万的高素质劳动者和技术技能型人才，为我国连续 30 多年的高速经济增长，从一个贫穷落后的发展中国家，成功走向制造业大国，继而跻身世界强国提供了有力的支撑。职业教育的大力发展促进了我国从人口大国向人力资源大国的转变，也将进一步支撑我国实现从人力资源大国向人力资源强国的迈进。同时，我国职业教育的大力发展，为广大人民群众创造了更多的入学机会，带动了高中阶段教育普及和高等教育的大众化，保证了教育公平。

（一）促进了教育结构的优化与人力资源水平的提高

加快了高中阶段教育和高等教育的普及。在实现普及九年义务教育和高等教育大众化两大历史性跨越后，加快推进高中阶段教育的普及就成为教育事业的一项重要任务。随着中等职业教育的大力发展，高中阶段规模不断扩大，毛入学率明显提高。

人均受教育年限反映一个国家国民素质的高度和社会发展的水平。由于职业教育受众范围非常广泛，极大地增加了人们接受教育的机会，整体提高了人均受教育年限。

（二）有力促进了经济持续发展与技术进步

现代发展理论认为，人力资本和技术进步是经济发展的关键因素，而教育则是人力资本开发的最重要形式，也是技术进步的最主要源泉。国内研究指出，在我国制造类企业，职工受教育年限每提高 1 年，劳动生产率就会上升17%。而在各类教育中，职业教育对经济的影响最为直接，关系也最为密切。

（三）有效缓解了劳动力结构性失业压力

中国目前正处于经济社会转型时期，摩擦性失业和结构性失业问题突出，"就业难"与"招工难"并存。统计表明，我国失业群体中，高达95%的人没有真正掌握一定技术和技能。由于职业教育与市场需求结合紧密，受教育者在就业竞争中具有明显优势。自 2005 年以来，中职就业率一直保持在 95%以上，高等职业院校毕业生半年后就业率达到90%以上，2012 年，高职院校毕业生的初次就业率仅次于 985 高校，高于其他所有高校。职业院校毕业生成为高素质技术技能人才的重要来源，为缓解就业结构性矛盾提供了有力支撑。

（四）提升了就业能力与城镇化进程中农村劳动力转移

有效提升了就业能力。由于中国经济社会转型、城市化进程加快、教育供需错位等原因，大批劳动力无法实现稳定就业。职业院校及时开展了各项面对社会需求的技术技能培训，包括技能型紧缺人才培养培训、下岗人员再就业培训等多项工程，有力地促进了就业与再就业。2012 年，全国共组织开展各类职业技能培训 4000 余万人次。

（五）有效促进了社会的包容性发展和社会稳定

职业教育赋予受教育者社会所需技能，有利于提高就业能力。再就业培训工作不仅可以更好地帮助劳动者解决工作问题，同时也为国家解决失业问题与缓解就业压力开辟了一条行而有效的道路。因此，职业教育某种程度上是改变弱势群体生存状态，促进贫困人群脱贫最为有效的途径和手段。①

　　对一个国家来说，社会的稳定是最大的公共利益，没有稳定和繁荣的局面，公众的利益就要受到损害。职业教育能够"使无业者有业，使有业者乐业"，在维护社会稳定中具有重要的作用。有关研究表明，在14~17岁的青少年中，在校者的犯罪率大大低于不在校者。中等职业教育受教育者大部分是不善于普通教育的学习者，对学习科学知识缺乏主动性和积极性，一些学生家庭还面临着各种各样的问题，这些未到劳动年龄的初中毕业生若不接受职业教育而流入社会，很可能对社会产生不利的影响。所以说，职业学校解决了许多家庭和社会的监管压力。

### 三、当前我国职业教育发展存在的主要问题

　　目前，我国经济社会正处于创新驱动转型发展的关键阶段，对比中国的技术技能型人才现状及人才强国战略，我国职业教育还存在明显差距。我国职业教育发展还存在一些问题，比如，学生就业稳定性不强，教师专业水平不高，职业院校的办学特色不够鲜明，人才培养质量不适应经济社会发展对高素质技术与技能型人才的需求，职业教育适应经济社会发展、推动经济转型升级的能力不强。职业教育发展的滞后导致我国产业技能型劳动力不足，制造业的附加值较低以及高端服务业发展乏力，各行业技术创新能力不强。

　　总之，我国职业教育大而不强，职业院校之间不能形成平等竞争的问题是今后一个时期需要政府、职业院校与社会突出的问题。深入剖析造成我国职业教育存在问题的根源，校企合作不力是制约我国职业教育发展的瓶颈。而反映到职业教育的体制与机制等制度层面，主要表现为行业企业参与积极性不高、经费保障不足，职业院校发展活力不足等，区域之间、城乡之间职教发展不平衡也是我国职业教育亟待解决的

---

① 赵粉平. 新媒体技术对高等职业教育的启示［J］. 北京农业职业学院学报，2015（6）：75-81.

问题。

（一）多元化、市场化办学机制尚未形成，办学活力不足

职业院校区别于普通院校的组织特点是以教学为主，课程的标准化程度高，产出更加讲求效率，并且办学绩效容易评估。职业院校的活力在于有没有适合自身特点的管理与运行机制，有没有机制吸引优秀的专业人才任教，有没有先进的教学吸引到优秀的学生，有没有能力提供先进的技术开发成果吸引到企业的合作。同时，职业院校的活力还来源于通过学校之间的平等竞争从外部（包括政府、企业、基金会以及其他机构等）获得各种资源。

职业教育寻求内涵发展对特色化办学提出了新的要求。从我们到各地调研的情况来看，职业学校的运行机制很不健全，办学经费主要依赖政府，活力明显不足。职业院校的管理体制与普通院校雷同，没有建立起适合职业院校组织特点的、及时回应外部社会需求的、灵活的反应机制。没有实现与行业企业紧密结合，缺乏完备的共同培养学生的保障制度和动力机制，不能满足产业转型升级需要，尚不能及时更新专业和课程，综合性新兴产业课程少之又少，没有系统的质量标准、建设标准、评估标准和管理标准。大多数职业院校都存在生源不足、专业重复建设、课程陈旧、实训设备落后、专业教师的教学能力不强、校企合作不紧密等问题。这些都反映了当前我国职业院校微观活力不足。

（二）职业教育与产业发展相脱节、校企合作不紧密

目前，我国企业参与职业教育还未形成有效的制度基础，企业参与职业教育处于零散，低效率、低层次的运行状态，不具备可持续性发展的社会条件。究其原因，主要有以下几方面。

第一，缺乏法律保障，致使校企合作无法可依。德国、瑞士、英国、美国等国家校企合作的成功，都离不开国家完善的法律法规体系及其严格的执行。如德国政府制定了《职业教育法》《劳动促进法》《青年劳动保护法》和《手工业条例》等法律法规来调整校企合作中多方的关系，对企业、学校、学生三者的权利和义务都做了明确规定。而目

前我国尚缺乏明确、具体、专门针对校企合作的强制性的法律法规，对职业教育校企合作各方的权利、责任与义务未能给予必要的监督和约束。法律法规体系的滞后与不完善，导致校企合作更多处于民间活动状态。

第二，缺乏组织管理，致使校企合作"各自为政"。在校企合作中政府的主导作用发挥不够，职业院校与企业的合作处于"无政府"状态。一方面，政府在校企合作中的角色定位不明确，组织协调职能发挥不到位。往往一所院校与多个企业合作，一个企业又与多所院校合作，而这种联系和合作是缺乏组织的，是无序的，政府对校企合作缺乏有效的管理。另一方面，行业的指导作用发挥不够，校企合作的针对性不强。由于对本领域内企业了解较多的行业未能充分发挥指导作用，导致校企合作存在很大的盲目性，在人才培养和学校建设等方面缺乏深层次的推进，也严重影响了校企合作的实际效果。另外校企合作缺乏制度规范。在管理层面，缺乏具体的操作办法和规程，缺少对运行程序的规范，缺乏对校企合作的备案、认可、监督与协调服务。

第三，缺乏政策激励，校企合作推进困难。教育、人力资源和社会保障等有关部门不仅缺少推动校企合作的经验，也缺乏鼓励和支持校企合作的具体政策，导致校企合作成为原则性的工作要求，甚至一般性的号召。企业自身的利益缺乏保障，合作的积极性不高。一方面，有些企业认为参与校企合作无利可图，同时又得不到必要的成本补偿。另一方面，企业参与校企合作是为了获得其提高竞争力所需要的人才，而现实情况却存在明显差距。职业院校从自身的改革发展利益出发，对开展校企合作有着坚定的态度和巨大的需求，但往往面对的是"剃头挑子一头热"的尴尬处境，面临的是推进校企合作过程中的诸多困难和艰辛，需要政府及有关部门予以优惠的政策鼓励和项目推动。

第四，缺乏运行机制，致使校企合作难以规范运行。校企合作的有效推动，不仅需要法律框架下的约束机制，也需要运行的有效平台和载体。目前，校企合作缺乏法律约束下的规范运行，缺乏将校企有机联系起来的运作方式。应该说,在校企合作的实践中,各地也探索出了"订单班"、半工半读、前校后厂、职教集团等有效的运作模式,但是这些成功的做法只停留在一些点上或局部区域,缺乏政府及有关部门的认真总结和及时推广。新的形势下,探寻有效的校企合作模式与健康的运行机制,是校企合作亟待解决的突出问题。

(三)区域之间、城乡之间职教发展不平衡

受我国区域与城乡经济社会发展不平衡的影响,我国职业教育发展的区域差距、城乡差距还比较明显。

首先,全国东中西区域之间差距较大。尽管国家在职业教育专项投入上对中西部地区进行了倾斜,但是由于东部工业化发展水平高,地方人均财政收入远远高于中西部地区,加上东部地区的经济发展向科技创新与转型发展的愿望增强,政府支持职业教育的积极性也有所不同。

其次,城乡之间的职业教育发展差距也有进一步增大的趋势。尽管各地在落实国务院《关于大力发展现代职业教育的决定》,把统筹城乡职业教育一体化发展写进了政府发展职业教育的相关意见中,但是在具体落实政策的实施上还缺乏相应的保障和监督机制,导致本来基础就落后的农村职业教育发展滞后于新农村建设的实际,制约了农村劳动力素质的提高。我国职业教育资源分布的城乡不均衡直接导致城市与农村在职业教育水平上的巨大差距。这不仅影响着职业教育的均衡和可持续发展,也导致城乡差距不断扩大。在城乡统筹的发展背景下,现有的农村职业教育资源已经无法满足其现实要求,亟须利用城市的优质资源和就业优势开展城乡合作,实现城乡职业学校在教育资源上的均衡配置。

# 第四章

# 职业教育发展的战略、目标与任务

职业教育是国民教育体系和人力资源开发的重要组成部分，是广大青年打开通往成功大门的重要途径。职业教育肩负着培养多样化人才、传承技术技能、促进就业创业的重要职责，是工业化和生产社会化、现代化的重要支柱。

职业教育是重要的民生工程。我国职业教育关系着亿万劳动力就业，既是教育问题，也是重大的民生问题和经济问题。与其他类型的教育一样，职业教育通过入学机制、教育结构、学校体制、学生的学习特点及其身份文化差异等，发挥着社会分层和分类协调的作用，是社会公平的重要基石。

近年来，我国职业教育事业快速发展，体系建设稳步推进，培养培训了大批中高级技能型人才，为提高劳动者素质、推动经济社会发展和促进就业做出了重要贡献。但同时也要看到，当前职业教育还不能完全适应经济社会发展的需要，教育结构不合理，教学质量有待提高，办学体制机制不活，这些问题不仅制约着我国职业教育的当下发展，也制约着职业教育的未来发展。对我国职业教育进行前瞻性思考，面向未来系统地谋划职业教育发展，设计出台促进职业教育发展的硬招、真招、实招，显得尤为重要。①

---

① 古天龙. 数字化社会需要补上数字素养教育 [N]. 光明日报，2019-09-24（10）.

## 第一节　职业教育高质量发展的前瞻性思考

对职业教育的前瞻性思考，必须全面而深刻。要从国家政治稳定的高度、从政府职能转变的视角、从改善人民生活和增进人民福祉的根本点出发，对制约职业教育发展的障碍与问题进行系统、深入的思考与分析，为探索建设适应我国国情、具有中国特色的现代职业教育体系奠定基础。

### 一、为了每个人的发展

职业教育在提供给受教育者特定的专门知识和技术的同时，应当提供更为宽厚的基础知识和技能，为个体在工作生涯中的可持续发展服务。而要为个体的终身发展做准备，就不能仅提供面向某种职业的定向的、入门水平的、狭窄的技能培训。大量研究显示，职业院校毕业生在初始就业时丝毫不逊色于普通高校毕业生，但从后续发展来看普遍缺乏后劲。主要原因是职业院校的毕业生因为受所学专业限制，在通识教育和综合素质方面不如普通高校学生，岗位的迁移能力和对不同岗位的适应能力及可持续发展的职业能力都相对较弱。从经济学视角特别是人力资本的视角看，职业教育应该提供迁移性强的知识和技术，以确保受教育者可以在未来的职业生活和工作世界中跨越多个领域进行发展。

新时期的职业教育发展必须正视这些问题，更新观念与认知，更加注重职业教育在人的终身发展中的重要作用，明确职业教育关系人的未来发展，要着眼于人的一生发展，聚焦提升人的生存能力、学习能力、职业发展能力，让职业教育为他们拥有一个精彩的人生奠基。

（一）学会生存：为现实生活与未来生活做准备

国际 21 世纪教育委员会向联合国教科文组织提交的报告《教育——财富蕴藏其中》中指出：面向 21 世纪教育的四大支柱，学会生存首当其冲。美国著名教育学家、实用主义教育思想的创立者约翰·杜威强调说："生活就是发展，而不断发展，不断生长，就是生活。"① 对于职业教育更是如此，因为接受职业教育的每一个人，不是只为自己活着，而是社会的一员，是自然界的一员，是自始至终生活在群体、生活在大自然之中的。世界各国都在努力调整和发展自身的职业教育体系，就是为了将学生培养成技术更高超、素质更全面的社会栋梁之材，以适应不断变化的工作世界和学生发展需求。纵观国际上各个国家和地区的职业教育改革与发展历程，其中最为关键的一点，就是在强化与工作世界的关系中融汇与创新。

学会生存的前提是要学会做事。我国职业教育的先驱黄炎培认为，生存是人类的第一需要，职业教育对于人的生存与发展有重要意义。教育应该发展人的能力，有助于人的生活和生计。首先是要"使无业者有业"，解决最基本的生存问题，这是现代职业教育思想的基本出发点。中国的职业教育历来不受重视，其主要原因在于几千年的"学而优则仕"的传统观念，直到如今仍有很多家长认为孩子只有上大学才是出人头地的象征。近年来我国政府高度重视发展职业教育，越来越多的学生开始走进职业教育领域，目前中、高职在校生已分别占了高中阶段教育和高等教育的两个"半壁江山"。为此，职业教育的第一步，就是要循序渐进地以职业意识、职业知识和职业技能渗透为主，引导学生关注经济社会的发展变化，广泛参与社会实践和宽泛的职业实践，初步掌握一些基本的生活技能和劳动技能，培养积极的职业态度和职业理想。

融入社会是学会生存的重要途径。一个人能否融入社会或者融入一个群体的最基本的条件是他自身是否达到社会或者群体的最低的要求。融入社会要学会做人。做一个有知识、有道德的人，在一个人的一生中至关重要，因为一个人学业上的缺陷并不一定会影响他的一生，但道

---

① 古天龙. 数字化社会需要补上数字素养教育 [N]. 光明日报, 2019-09-24 (10).

德、人格上的缺陷有可能贻害终身。而学会做人应从基本的道德要求做起，自觉培养学生的道德情感和道德意志，在实践中增强道德情感、道德意志，自觉遵守行为规范。融入社会必须学会与人相处，与自然相处，做一个和谐的人。人与社会的关系是人生活的基本关系，这说明人与社会是息息相关、相互影响和相互制约的。人生的内容是由复杂多样的社会关系和社会活动构成的。人类生存的基础是社会生存，孤立的个人在现实中是不可能存在的，人不可能脱离社会，人是通过社会交往使生命得以延续的。同样，社会也脱离不了人，社会中的每个人都以自己的活动给社会带来各种各样的影响。

为此，只有学会了与人相处，才能把工作、学习、生活协调起来，才能够真正融入社会。中外知名企业的用人标准和世界名校的教育实践表明：学习能力、沟通能力、技术运用能力、分析和解决问题能力、创新和创业能力、人际交往及跨文化交往能力、道德领悟与自我管理能力等，都是经济社会和社会生活最需要的核心能力。职业院校必须注重这些能力的培养，让学生能够在快速发展的社会中得到认可和发展。

学会生存还必须培养学生健全的人格。职业教育不应该是淘汰式的教育。面向人人的职业教育惠及千万家，它是为所有人服务的，使其在学习中获得自信、在社会上最终得到尊严的成长过程。但是应该看到，中国职业院校的绝大多数学生是因被考试淘汰分流而进入职业教育的，他们更多是处于一种茫然的状态，或者是一种无奈的选择。与普通教育的学生相比，职校生更多地处于一种"失败者"的地位，从社会、学校、教师、家长到学生自身，对职业学校都有一种天然的非信任感。在日益强调以人为本的今天，认识到每个学生存在的价值，并通过努力让所有接受教育的人都走向成功，必须成为职业教育的价值取向。职业教育要培养学生积极的自我观念，使之能悦纳自己，也能为他人所悦纳，能体验到自己存在的价值，这对于健全人格非常重要。心理和人格健全的人能够面对和接受现实，不论其是好是坏或对自己有利或不利，即使现实不符合自己的希望与信念，也能设身处地、实事求是地去面对和接受现实的考验，能够多方面寻求信息，善于倾听不同的意见，正确把握事实的真相，相信自己的力量，随时接受挑战。

（二）学会学习：支撑职业人生

职业教育与当地经济社会发展紧密相关、与劳动就业紧密相连。我国经济结构调整、产业转型与升级，要求职业教育人才培养有效对接、要求职业教育深度融入当地产业链。国内和国际的劳动力市场越来越要求重新定向职业教育系统，使其满足变化中的工作世界，并实施解决办法，以真正解决职业教育和培训中的问题，世界各地的职业学校都已经认识到有必要发展就业技能，以提高学生和学员的就业能力。过去的情况是，一次学校教育或者学徒或培训项目的经历便足以受用终身，然后围绕工作再有一些小型培训或再培训就可以解决问题。然而，这一切已发生了翻天覆地的变化。职业学校不仅是为了学生的某一种技能学习服务，还要追求多元技能化。

学习能力对于人的职业能力的获得和未来的发展具有十分重要的作用，它是人生与社会和经济生活所必需的基础和终身学习的先决条件。职业教育不应被理解为单纯的动手技能教育，而应把学习能力的获得作为重要的目标之一，让"学会学习"成为各类职业院校的共同任务。我国的职业教育应把培养人的学习能力放在突出地位，让学生掌握把新知识融入已有的知识，从而改变已有知识结构的能力，以快捷、简便、有效的方式获取准确知识、信息，并将其转化为自身能力的本事，让学习能力支撑起学生的职业人生。

知识和技能可不受年龄限制而习得，但学习能力需及早培养。很多研究表明，目前我国部分地区中职生的文化基础和学习能力令人担忧，有些学生的数学和英语甚至低于小学毕业应有的水平；而在高职自主招生中，很多中职毕业生表现出来的综合素质也低于普通高中毕业生。面对职业学校中相当数量的学生学习能力较低的现实，我们应该正视并积极看待，尽快采取积极措施，对其实施补偿教育，使他们达到应有的教学起点要求，为其未来的职业发展奠定坚实的基础。

培养人的学习能力，必须激发人的学习动机。因为动机作为一种非智力因素，是一切学习的原动力，它具有唤起、定向、强化、维持、调节的功能。学习动机通过影响学生的学习兴趣、学习态度、努力程度、任务坚持性等方面来决定个体的学业成就水平。激发学生的学习动机，变"要我学"为"我要学"，对于学生的学习尤其是自主学习来说，是至关重要的，这也是缓解厌学情绪的有效途径。学生入校后，就应该引导他们明确自己的职业定向，树立为就业积极做准备的意识。让学生感觉到现在所做的每一件事情都与今后的生活、工作、学习息息相关，他们的每一次努力都是向着心目中的理想靠近。只有这样，才能激发学生学习动机，使之有的放矢地去学习。也只有明确了学习目的，他们才会在学习中表现出更强的主动性和积极性。

培养学生的学习兴趣，并不断完善其知识结构，对于学生学习能力的培养是至关重要的。伴随着科学技术和生产经营方式的创新发展，推动现代社会结构变化，并借助社会分工的中介作用使产业结构、职业结构发生深刻变化。职业的变化必然对职业劳动者的技能提出新的更高的要求，对于个人来讲，能否适应社会和职业变化，主要取决于其知识结构和技能水平状况。

经济的发展需要职业劳动者具备各类知识组成的，具有开放、动态、整合、通用和多层次特点的多元知识构架。因为经济活动和岗位劳动中经常遇到的问题往往都有着多方面的联系，需要综合运用有关理论知识和技术加以分析解决。所以，打好坚实的学习基础、培养学生跨学科的学习能力、完善多样化的知识结构，对于提高学生的综合素质、促进其可持续的职业发展具有重要意义。

因此，职业教育必须面向终身，为每个社会成员在不同的发展阶段提供相应的教育服务。职业教育的人才培养目标不应单纯针对企业具体岗位和工种的需要，而应扩大到学生的整个职业生涯，把职业教育作为个体终身学习和发展的重要基础，落实到青少年接受教育的各个阶段，使学生各阶段的学习都能有意识地、自觉地为将来的职业人生做好准备。职业教育要真正把知识的学习、技能的学习、艺术的学习和道德的学习有机地结合起来，不断丰富知识结构和能力结构，使学生真正提高自主学习能力，并能运用所学的知识在工作中发挥作用，最终促进人与经济社会和谐与可持续发展。

（三）提升职业核心能力：实现可持续发展

面对未来社会，学生要对自己将来的职业和人生做出长远打算，使自己具备在社会环境中独立生存的能力，而职业院校的教育使命不应局限于实现学生就业的目标，而是要培养学生作为独立的社会人所应具有的可持续发展的职业核心能力。

关键能力是指超出职业技能和知识范畴的能力，是当职业发生变更或劳动组织发生变化时，劳动者所具备的这一能力依然存在，因此，也常被称为跨职业的能力。核心能力是从所有职业活动中抽象出来的一种最基本的行业通用能力，它的适应面比较宽，可适用于这个行业内各个职业或工种。在职业活动中我们一般看不到关键能力的表现，它是隐性的，但它是上述能力形成和应用的条件，所以关键能力是处于最底层，如冰山底座，是承载其他能力的基础。联合国教科文组织的相关文件指出，专门化的技能培训不能满足其就业和发展的需要可能是制约职业教育发展最严重的问题。世界银行指出："现在已经从狭隘的以技术技能为主的职业培训向广义上的强调一般性或迁移性技能的职业教育和培训转变。"[①] 因此，职业教育更主要的任务是培养学生迁移性技能和终身学习的能力。技能供给不再是对技能需求的相对滞后的消极反应，而是通过提高个人的适应能力寻求对未来技能需求的积极主动的应变过程，这也对职业教育提出了更高的要求。

人的可持续发展能力基于职业特定能力、方法能力、社会能力和关键能力四项能力。其中，职业特定能力是基础，方法能力是核心，社会能力是保证，关键能力是基础。没有后三个能力，职业特定能力就是静

---

① 任占营. 优质高等职业院校建设的思考［J］. 国家教育行政学院学报，2018（7）：47-52.

态的，不能迁移和发展的，所以在职业教育中，必须将这四个能力的培养贯穿人才培养的整个过程。①

**二、谋划职业教育的跨界发展**

"跨界"是职业教育的重要特征，这一点在国内职业教育领域几乎已达成共识。但在以前，由于人们认识的局限性，职业教育的跨界属性长期被遮蔽，大家大多从已有的固定的视角来研究职业教育，所得出的大多也只能是适应职业教育局部发展的"规律"。虽然有一些研究者曾经尝试从"职业""企业"和"工作"等视角来研究职业教育，但因没有条件扎实深入地开展真正的职业教育跨界研究，因而未能有效把握跨界的职业教育的发展规律。因此，尽管近年来党和政府非常重视职业教育的发展，我们的职业教育研究者也做了不少理论研究，我们一直在积极实践，但是我国职业教育总体质量仍然不高，吸引力仍然不强。

我国职业教育存在办学资源匮乏、人才培养特色不鲜明、质量不高、缺乏吸引力等问题，究其原因，就在于我们是在用传统的理念主要凭借职业院校自身的力量在学校内办职业教育，我们主要考虑的是教育和学生学习的规律而未充分考虑工作和职业发展的规律。为了避免职业教育发展重蹈覆辙，我们应该尊重职业教育的跨界特征，用跨界的思维来思考和谋划职业教育发展，在进一步解析职业教育的跨界特点对职业教育发展影响的基础上，思考这些跨界特征将会给职业教育带来哪些机遇与挑战，将如何推动我国职业教育的发展。

（一）职业教育的跨界特征

"职业教育"一词本身，就是一个跨界的表述。相关研究表明，无论是外延还是内涵，职业教育作为一种开放的教育类型，都是"跨界"的，职业教育跨越了职业与教育、企业与学校、工作与学习，职业教育

①  任占营.优质高等职业院校建设的思考［J］.国家教育行政学院学报，2018（7）：47-52.

强调校企合作、工学结合，就是对跨界的最好诠释。第一，从人才培养目标来看，职业教育源于产业经济发展对高技能人才的大量需求。这种与区域产业的关系决定了职业教育不同于普通教育，除了教书育人、传承文化的功能外，还要面向行业企业，面向经济的现实需求，这种人才培养定位打破了教育与职业的界限。职业教育是培养人、培养"人的素质"的，而职业岗位使用"人"，其实是使用"人的素质"，行业企业在使用人的过程中，还会对其素质培养提出新的要求。从这个意义上来说，职业教育跨越了教育与职业岗位之界。由此可见，教育与工作岗位之间不是截然分离的，而是相互作用、相互促进、相互激励的。

第二，从知识产生场地发生转换来看，经典的观点往往认为只有学校和实验室才是知识产生的圣地，知识的转换只能是从学校到企业的单向转换；而现代的观点则认为，企业及工作过程才是知识产生的摇篮，知识的转换更多的是学校与企业之间的双向流动。因此，校企合作、工学结合的职业教育，已经不是传统意义上的学校式教育，而是跨越了学校与企业之界。

第三，从认知方法来看，学习和工作实际上都是认知活动，只是认知的方法有所不同，对人的要求和作用也不一样。从这个意义上说，职业教育跨越了工作与学习。职业教育历来强调"工学交替"的人才培养模式，强调充分利用校内外不同的教育环境和资源，把以课堂教学为主的学习教育和直接获取实际经验的校外工作有机结合起来，帮助学生提高职业素质、综合素质和就业竞争力。职业教育跨越了工作与学习还有另一层意思，那就是这种跨界打破了我们以前对学习与工作的认识，不再是学业完成后再去工作，而是学习与工作交替进行，学业完成后参加工作，工作后还可以再到职业院校学习。职业发展贯穿人的一生，而职业岗位及其规模、具体要求的变化速度日益加快，企图通过一次性的职业教育来解决职业劳动中的问题是不现实的。随着终身教育思潮和建设学习型社会的发展趋势，职业教育的目标由单纯针对职业岗位扩展到着眼于人的整个职业生涯。人的一生将处于不间断的学习和教育培训之中，而且更多的时候是边工作边学习。

跨界打破了职业教育诸多围墙。我国职业教育要走出困境，必须挣脱"定界"思维的束缚，必须进行"跨界"思维。所谓"跨界"，是指突破职业教育中单一主体或内容的范围，超越不同主体或内容之间的分割线。职业教育"跨界"思维要求"跳出学校看学校，跳出教育看教育，跳出学科看学科"。一方面，跨界为职业教育的发展提供了广阔的空间，职业教育发展可以借鉴更多的跨界资源，为其发展服务。另一方面，跨界的职业教育特点，也对职业教育提出挑战，要求必须在管理、立法等层面进行改革，以满足职业教育跨界发展的需要。

（二）实现职业教育的跨界管理

新时期实施职业教育的跨界管理势在必行。当前我国职业院校虽然重视校企合作，但很多合作项目都是政府部门（行业主管部门）与相关利益主体（学校、行业企业）之间的指令性合作，行业协会或企业主动参与职业教育的体制和机制障碍依然存在。针对这些困境，在对行业企业参与职业教育的管理与运行模式进行设计时，必须打破单纯依靠学校教育或企业培训的思维定式，以"跨界"思维谋划职业教育的管理体制改革，形成跨界育人的理念和系统培养的思维，即要明确树立行业企业在职业教育中的主体地位。

跨界管理要求进行系统的管理制度设计，尽快形成政府、行业、企业、学校为主体的和谐的"生态圈"。在合理构架各方利益的基础上，实现政府宏观指导，制定相关政策措施；行业参与学校制定人才培养方案和规范标准；企业参与学校育人、共建专业、共同开发课程、共建共享实训基地、共享校企人才资源、共同开展应用研究与技术服务等；学校发挥自身优势，提供场地、设备和师资，吸引行业企业参与校企合作。

（三）实现职业教育的跨界立法

职业教育立法的目的是依法治教。通过立法用法律规范职业教育的行为，使职业教育的参与各方清楚自己的行为规则，明确应该怎么做、不应该怎么做。德国"双元制"职业教育成功的关键，在于构建了一个法治化背景下的校企合作办学模式，并且这一办学模式跨越了企业与学校、工作与学习的界域。

第一，跨界思维是职业教育立法的基本前提。我国职业教育立法必须形成系统集成、跨界的理性思维，在法律层面创设职业教育的运行环境，保障职业教育健康发展。要规范并保障这种跨界教育，就必须同时遵循职业和教育规律，在为职业教育制定的法律框架内，整合经济发展、教育发展的需要。由此，职业教育的立法，必须打破在企业里办培训或者在学校里办教育的思维，形成系统集成、跨界的理性思维。

第二，关注我国职业教育法适用范畴的法律界定。当前我国的职业教育法主要是规范学校职业教育的法律。在我国，职业教育体系是以学校为中心的，尽管职业教育法对政府和行业组织、企事业组织发展与实施职业教育的基本职责和义务、企业实施职业教育的法律和义务有具体规定，但企业并未被赋予教育机构的地位，行业企业实际上只是职业教育的参与者而非办学主体。我国职业教育法主要规范的是学校职业教育，虽然有些条款涉及行业企业的办学，但对行业企业的权利与义务实际上并没有真正法律意义上的约束权。

第三，关注职业教育法实施。职业教育立法所包含的内容，不能只涉及宏观的确保其权威地位的体系、制度、管理等框架性的结构层面的条款，还应涉及中、微观的确保其有序运行的统计、科研、评估等进行性的机制层面的条款。

### 三、职业教育面临需求与供给多样化挑战

职业教育供给与需求的关系，涉及两个命题，一个是对教育"供给方"的界定，另一个是对教育"需求方"的界定。从供给角度看，职业教育对个人来说更多的是指提供的教育机会，对社会来说更多的则是提供的职业教育产品。从需求角度来看，个人需求的是教育机会，社会需求的则是职业教育产品。所以必须全面而深刻地认识职业教育的供

给与需求的关系。

长期以来，传统的教育经济学一直认为，教育机构或者说职业院校，是教育的供方；而企业行业或者说社会机构，是教育的需方。然而，职业教育校企合作的办学体制、工学结合的培养方式，打破了这种传统的、静态的、刚性的"二分法"，职业教育的开放式办学表明，职业院校和行业企业，其供需双方是不断在变动的。

在校企合作的模式下，从供需主体讲，一方面，企业和学校共同为企业培养人才，院校和企业都是"供方"，这意味着，企业就不再只是"需方"。另一方面，企业为学校提供实训基地和兼职教师，企业是"供方"，学校则是"需方"；个人是职业教育的消费者，也是需方。可以说，职业教育的供给者与需求者，即职业教育机会和职业教育产品的生产者、消费者与"商品"这三者之间的关系，相互交织、变换。

（一）需求是供给的前提与动力

与商品市场不同，劳动市场上教育供给的调控以及教育需求的调控，具有两种驱动方式：一是基于市场调节的需求驱动，二是基于政府调节的供给驱动。职业教育到底是供给驱动还是需求驱动，这是要弄清楚职业教育供给与需求关系的一个重要问题。放眼国际，20世纪70年代爆发的经济危机导致失业问题严重。不过政府和培训机构都相信"失业是由于缺乏培训"，许多发达国家将提供培训作为解决失业问题的一种途径，"培训创造就业"的观点左右了许多国家的职业教育政策，它们试图用各种各样的培训计划来解决失业问题。但这种就业导向的培训政策以扩大培训规模来缓解失业问题，由于不注重质量，无法真正满足企业的技能需求。由于失业培训和市场需求错位，许多人在培训结束以后仍然处于非自愿的失业状态。面对日益恶化的失业问题，各国政府面临的问题不再是"供给不足"，而是"如何供给"。

至此，人们开始反思供给驱动模式的有效性，需求驱动模式应运而生。简言之，这种模式的基本思想是"没有需求就没有培训"。换句话说，政府和培训机构应该根据市场需求提供相应的培训，保证技能供求的协调。世界银行在一些发展中国家建立公共培训制度的实践，并于1991 年发表《20 世纪末的培训政策》，发起了"需求驱动运动"。①

由此可见，职业教育的需求是供给的前提与动力。职业教育的需求指的是社会和个人对职业教育产品和职业教育机会的有支付能力的需要。对职业教育产品的需求是社会发展的功能性或功利性需要，它发生在职业教育过程的终点；而对职业教育机会的需求则是个性发展的人本性或公益性需要，它既发生在职业教育过程的起点，又发生在职业教育过程之中。为此，职业教育必须面向市场自主办学，由市场决定人才培养的结构、培养的规格、学制的设置、课程的选择等，既考虑行业企业的需求，也考虑个体的个性需求，遵循职业教育的规律，实施市场调节，推动职业教育供给方要关注市场需求变化，不断提高教育质量，实现职业教育服务的有效供给。

（二）探索实现职业教育供给多样化

需求的多样化必然导致职业教育供给的多样化。职业教育供给的多样化涉及诸多方面，如办学主体、入学考试、人才培养目标、人才培养模式等。

探索实现办学主体的多样化。职业教育供给的多样化，使职业教育的多样化办学成为趋势。职业院校既要为国家培养和提供职业人才，又要为企业和社会提供培训或研发服务，这是国家赋予职业院校的神圣任务。行业企业要与职业院校合作，职业院校为企业培养和提供优秀的技术人才，行业企业为职业院校学生和教师提供实训实习基地、兼职教师等。在校企合作、工学结合的情况下，教育机构已从学校扩展至企业，企业不再只是教育产品的消费者，雇佣毕业生，也是教育产品的生产者，培养学生、提供实训教师。校企合作、工学结合，使得行业企业和职业院校相互融合，都成为职业教育供给的行为主体。同时，企业不仅参与职业教育办学，也是办学主体，独立提供职业教育与培训服务。

--------

① 谢俐. 奋力推进新时代职业教育实现高质量发展 [J]. 中国职业技术教育, 2018（19）: 25-28.

面对国际化趋势，我国将在许多专业领域加快实施职业资格，特别是执业资格制度，并逐步实现与世界各国进行执业资格互认，建立与国际接轨的完整的执业资格制度体系。截至目前，我国人力资源和社会保障部已同有关部门建立了23类专业技术人员职业资格证书制度（包括执业资格和从业资格），如注册建筑师、执业药师、房地产估价师、拍卖师、珠宝玉石质量检验师、注册税务师、假肢与矫形器制作师、企业法律顾问、矿产资源储量评估师、价格鉴证师、棉花质量检验师、房地产经纪人等。依照有关法律，国家还推行了注册会计师、执业医师和律师等资格制度。这些职业资格证书考试的教育与培训，多数由行业组织等社会机构提供。行业协会和其他行业组织等社会机构也是职业教育重要的提供方，也是重要的办学主体。

随着我国经济体制改革的不断深入，职业教育出现的办学主体多元化给职业教育带来了生机和活力，同时也带来了新的问题，更给职业教育的管理提出了新的要求。

探索实现入学考试的多样化。长期以来，无论是中职还是高职的入学，都是参照普通教育以文化课为主的考试内容，尚未实现适应经济社会和个人需求的多样化特点具有职业教育特色的考试内容改革。未来，应该重点探索适合职业教育特色的"文化素质+职业技能"的考试评价办法，探索以专业技能成绩为主要考试内容、录取依据的招生改革。此外，对农林、水利、地矿等行业特色鲜明且社会亟须的专业，在内容上、时间上应该积极探索更加灵活的招生考试办法，真正满足行业发展需要。

探索实现人才培养目标的多样化。职业教育人才培养目标的设计必须兼顾经济社会发展需求和个人发展需求两个层面。职业教育是通过提供服务满足经济社会的需求，需要对经济社会发展、劳动力市场给予密切关注。对于个体来讲，职业教育需求是多样化的，包括就业准备、在职提高、转换职业、个人兴趣爱好等。这就要求职业教育必须在终身教育理念下，对人才培养目标进行多样化设计，构建多层次、多规格的培养目标，满足学生个体的发展需要，适应社会经济发展需求。

探索实现人才培养模式的多样化。人才培养目标的多样化必然会带来教学内容体系的变革。职业教育生源的多样化需求，要求针对不同类型学生推出不同的培养方式。如何建立柔性化的教学管理机制，构建个性化的学习资源，将成为未来职业教育人才培养模式改革的重要内容。比如，如何降低必修课比例、加大选修课比例，扩大学生对学习内容和学习方式的选择机会，增加学生自主学习的时间和空间，如何满足学生调整专业和专业方向的需求，如何针对不同的需求实施不同的人才培养方案等，都是未来职业教育人才培养模式改革无法回避的问题，亟须进行研究探索。

### 五、我国职业教育发展策略

我国的职业教育发展必须从国家发展的高度、从现代职业教育体系建设的全局、从建立高效运行机制的角度进行审视，提高职业院校布局与国家、区域功能区定位、产业布局的一致性，构建注重纵向衔接与横向沟通的现代职业教育体系，加快形成政府推动、市场引导的运行机制。

（一）职业教育布局要遵循国家主体功能区开发与区域协调发展的新思路

国家主体功能区开发与区域协调发展。我国区域发展不协调问题由来已久，一直是区域经济政策致力解决的重点问题。国务院印发《全国主体功能区规划》提出推进形成主体功能区，将国土空间划分为优化开发、重点开发、限制开发和禁止开发四类主体功能区，并进一步明确了四类主体功能区的功能定位、发展方向与发展重点，就是试图通过解决空间失衡问题，促进区域协调发展。

主体功能区规划突破了缩小地域差距的经济追赶思路，强调从实现基本公共服务与生活条件的均等化来促进区域协调发展。以往对区域发展不协调的认识主要是从区域差距出发的，认为区域发展不协调的经济差距、GDP差距就是区域差距，随着区域发展不协调矛盾的转化及其认识的进一步深入，渐渐认识到区域经济差距背后是更大的社会差距和制度差距，是一种综合的复杂的区域差距，或者是一种系统差距，这种差距表现在社会经济生活的方方面面。

职业教育布局要遵循国家区域协调发展的新思路。我国正处于一个社会转型期，提出了功能定位转型、产业结构调整、产业能级提升等新要求。为了应对这些新形势，解决已有的问题，寻找一个有利的专业建设的突破口，创造一个良好的专业建设平台，进行专业调整与结构优化的尝试，符合世界职业教育发展趋势。

首先，职业教育布局调整能促使专业结构与产业结构的匹配与对接。众所周知，职业教育应当服务经济发展。当它落实到专业建设层面，必然要求职业院校的专业结构与区域经济的产业结构相匹配，否则这只能是一句空话，停留在口号层面。而促使两者的对接，靠的就是在宏观层面进行某区域内专业布局的调整，使之与当前的区域经济发展需求相一致。对于各省、市政府来讲，要将职业教育发展纳入产业发展规划、纳入城乡建设规划和产业园区建设规划，做到职业教育布局结构与产业结构布局的同步规划、整体协调。

其次，职业教育布局调整会引导职业院校合理地进行办学定位。专业建设的载体是院校。院校本身的办学定位和特色定位直接影响到专业建设的水平与质量。从院校层面来看，由于专业设置存在随意性和不规范性，导致各职业院校专业设置缺乏总体设计，重复设置现象严重。近年来，各院校为争夺职业教育的生源，开设热门专业迎合学生，吸引学生报考，而这些专业门类往往大同小异，尽管专业门类多，但由于师资配备、教学设备配备跟不上，所以只是表面热闹，缺乏持续发展能力。这一现象对于各院校打造特色、走特色发展之路非常不利。因此，进行专业布局调整，对于各院校明确并基于自身的发展优势，有侧重地打造特色，集聚资源开办主打专业、精品专业具有极为重要的价值。放眼世界，那些办学质量高、影响力大的院校不完全都是综合性高校，像麻省理工学院，就是科目单一但以特色举世闻名的院校。对于职业院校而言，也是如此，唯有走特色发展之路才能可持续发展。

最后，职业教育布局调整有利于促使职业院校资源重组优化。通过多方面思考、规划，使各职业院校认清自身的比较优势、不足之处以及机遇与挑战，有利于开发各院校潜能，重组资源，特别是专业群的建设将帮助职业院校挖掘新的生长点，激发新的生命力。

**（二）建设注重纵向衔接与横向沟通的现代职业教育体系**

随着终身教育时代的到来和学习型社会建设的深化，我们每个人都需要面对职业、岗位以及相关的职业知识和技能不断变化的挑战。同时，随着科技的飞速发展，各种职业岗位对知识和技术的要求也越来越高。这种变化不仅对我们的综合素质提出了更高的标准，更要求我们不断更新自己的知识和技能，以适应这个日新月异的时代。

因此，将职业教育限制于职前教育或学校教育是无益的，必须确立终身学习的职业教育观，现代职业教育体系建设必须注重与普通教育的衔接与融合。

职业教育发展仅注重纵向衔接是不够的，还要打通"横向上的联系沟通"，即加强与政府、企业、社会组织之间的联系，大致说来，包括发挥好政府保基本、促公平的作用；引导行业企业和其他社会力量参与办学，推动行业企业和社会参与职业院校治理；加快培育和发展与职业教育紧密相关的社会中介组织，发挥社会中介组织的自律机制，提高参与职业教育的专业能力等。

## 第二节　职业教育高质量发展的战略与目标

我国已全面建成小康社会，目前正处在深化改革开放、加快经济发展方式转变的攻坚时期。加快转变经济发展方式是我国经济社会领域的一场深刻变革，是关系我国发展全局的战略抉择。为了在 2050 年实现现代化的宏伟目标，我国必须把发展职业教育摆在更加突出的位置，加快形成适应经济发展方式转变和产业结构调整要求、体现终身教育理念、中等和高等职业教育协调发展的现代职业教育体系，满足人民群众接受职业教育的需求，满足经济社会对高素质劳动者和技能型人才的需要。①

## 一、战略

### （一）实施职业教育创新发展战略，推进现代职业教育发展

党的十八大报告提出"加快发展现代职业教育"。要以改革的思路办好现代职业教育，涉及理念转变、制度创新、体系建设、政策配套等，必须加强顶层设计、明确总体战略，这就是以大开放、大协作、大融合的改革思路，实施职业教育创新发展战略。

要提高对职业教育战略地位的认识，以"大开放"的思路开门办职业教育。职业教育作为国民教育体系和人力资源开发的重要组成部分，关系我国经济转型升级和长远竞争力提升，关系亿万劳动力就业，既是教育问题，更是重大民生问题和经济问题。一方面，办好职业教育是强国强教、利国利民的大事。另一方面，仅从职业教育内部着眼是办不好职业教育的。一要面向市场办学，把职业教育放在经济社会全局中加以系统规划、服务需求、就业导向。二要在教育系统内部率先打破制约现代职业教育发展的藩篱，打通"断头路"，建起"立交桥"。三要加快推进国际合作，在借鉴吸收国际先进理念、经验和模式促进自身改革发展的同时，也要为国家"走出去"战略提供技术技能人才支撑。四要向社会力量办学主体开放，逐渐让市场在职业教育资源配置中发挥决定性作用。

要正确认识现代职业教育的内涵，以"大融合"的思路深化人才

① 谢俐. 中国特色高职教育发展的方位、方向与方略 [J]. 现代教育管理, 2019 (4): 1-5.

培养模式改革。现代职业教育不同于传统职业教育，其内涵包括适应需求、面向人人、有机衔接、多元立交，要求深化职业教育办学模式改革。一要促进职业教育办学与国家战略和产业政策的融合，根据国家产业结构调整升级的需求，调整职业教育布局结构。二要把职业教育与人力资源开发相融合，把终身教育理念融入职业教育办学的方方面面。三要深化产教融合，推动专业设置与产业需求对接，课程内容与职业标准对接、教学过程与生产过程对接、毕业证书与职业资格证书对接、职业教育与终身学习对接。四要实现职业教育改革与学生全面发展相融合，加强职业教育与普通教育沟通，让学生能够多样化选择、多路径成才。

要加强宏观政策协调，以"大协作"的思路形成发展现代职业教育的合力。一要处理好政府与市场的关系。一方面，政府要致力于保基本、促公平作用，着力营造制度环境、制定发展规划、改善基本办学条件、加强规范管理和监督指导等；另一方面，要充分发挥市场机制作用，引导社会力量参与办学，扩大优质教育资源，激发学校发展活力，促进职业教育与社会需求紧密对接。二要在政府部门间加强统筹，在教育、人力资源开发、财政、行业主管、国有资产管理等部门之间，加强政策沟通、协调与衔接，形成共建现代职业教育的政策合力。三要进一步强化行业企业、社会和政府多元协作，形成全社会共同办学的良好局面，积极探索股份制、混合所有制等一切有利于为职业教育集聚更多资源，有利于促进职业教育产教融合，有利于深化校企合作、工学结合人才培养模式改革的办学体制。

在明确上述职业教育发展创新总体战略的前提下，我们进一步提出实施"人人出彩""校校成功""体系构建"和"机制创新"四大具体战略。

（二）实施"人人出彩"战略，让人人皆可成才、人人尽展其才

职业教育作为与经济社会联系最密切的教育类型，在推进实现"中国梦"的进程中发挥着不可替代的重要作用。"中国梦"的实现需要一大批德才兼备的现代职业人。实施"人人出彩"战略，就是要让

人人成才、个个成功，通过筑牢"职教梦"，助推"中国梦"的实现。

实施"人人出彩"战略，必须坚持职业教育"大开放"的思路，面向一切有需要的人，实现职业教育公平的价值追求。职业教育是面向人人的教育，具有典型的平民性特点。职业教育的对象，不应仅仅是学龄青少年，而应面向其他所有人，特别是被传统的正规教育体系排除在外的人群，包括需要继续接受学习或即将转岗的在职职工，向城市转移的农村劳动力、城市下岗职工、残疾人等。总之，职业教育是面向一切有需要的人，真正体现有教无类，真正实现面向人人的"大开放"。

实施"人人出彩"战略，要把为了每个人的发展作为制定职业教育政策的价值取向，把适应"人的现实生活与未来生活"作为职业教育的根本任务和最终目的。在职业教育体系设计上，面向社会、面向人人，让每个人都能从职业教育中获益，让每个人都能够在原有的基础上得到尽可能多的发展和提高；在职业教育制度和政策上，更多考虑职业院校学生这一学习群体需求的多样性；在职业教育的培养目标、教育内容、教育方式、教育评价等各方面，都应从"人人出彩"的战略出发，切实担负起促进人的成长的责任；在社会观念和教育理念上，要科学评价技术技能劳动的价值，倡导尊重技术技能劳动的社会观念，提升职业技术技能劳动者的职业尊严，构建一个能够促进每一个人健康发展的良好教育文化环境，以"大开放"的思路促进人人皆可成才、人人尽展其才。

（三）实施"校校成功"战略，让每所学校都焕发生命力

所谓"校校成功"就是要办好每一所学校，它具有深刻的内涵，既包括标准化的要求，又有办出水平、办出特色的要求；既涉及农村偏远山区、少数民族地区等其他条件不利地区的职业院校，又涉及不同层次、不同类型的职业院校。

实施"校校成功"战略，必须坚持职业教育"大融合"的思路，引导职业院校切实深化产教融合，重点关注课程教学，开发建立符合高素质技术技能人才成长的课程、教材体系，让每个个体都实现教育增

值。因为任何一种教育，其人才培养方案的核心是教学，而教学的核心则是课程。职业教育要以就业为导向，不仅要使人有能力满足职业工作岗位的要求，为现实生活做好准备，也应使人获得可持续发展的基础，为未来生活做准备。实施"校校成功"战略，必须进行人才培养模式创新的探索。人才培养模式是指在一定的教育思想和教育理论的指导下，为实现培养目标而采取的教育教学组织样式和运行方式。这些组织样式和运行方式在实践中形成固定的风格和特征，具有明显的计划性、系统性、标准性和规范性。为此，必须立足我国实际，探索满足人的发展需要，满足经济社会发展需求，在产教深度融合基础上形成的职业教育校企合作、工学结合的人才培养创新模式。

实施"校校成功"战略，必须在学校管理过程中体现人本思想。学校的主体是学生，管理工作应本着一切为了学生、为了一切学生、为了学生的一切的原则展开，突出人本理念，把学生看成是发展中的人、独立发展的人、平等的人。学校要为学生提供自主的舞台，让学生成为学校的主人，让课堂形成涌动创新的磁场。让校园里生长学生的想法，让学生参与学校的决策，让学生的想法在校园里实现。只有这样，才能真正使校园成为学生放飞梦想的地方、成长的摇篮。所以，在提升学校办学条件的同时，还要融合贯穿人文精神，彰显人文的关怀。

实施"校校成功"战略，要探索建立职业教育教师评价的新模式与新导向，促进"双师型"教师成长，为教师发展搭台。只有教师发展，才有学生的成长，有了师生融合的共同发展，才有职业院校的未来发展。同时，"校校成功"战略还必须特别重视校园文化建设，要求职业院校以"大融合"的思路积极引入先进的产业文化和优秀的企业文化，精心谋划具有职业教育特色的校园文化内涵，激励、教育和鼓舞着每一位师生自强不息，形成学校的办学特色，避免千校一面。

（四）实施"体系构建"战略，实现职业教育的多元与特色发展

实施"体系构建"战略的目标，是努力建设形成适应经济发展方式转变和产业结构调整要求，体现终身教育理念，中等和高等职业教育

协调发展的现代职业教育体系，最终实现我国技术技能人才培养的系统化、国家技术技能积累的制度化和人才成长道路的多样化。实施"体系构建"战略，需要进行系统的顶层设计，实现有阶段、有重点地推进。构建现代职业教育是一项系统工程，必须设置不同的发展阶段和不同阶段的发展重点，通过设置阶段性发展目标，逐步推进现代职业教育体系的构建。现代职业教育涉及不同的学段，各个学段的发展侧重点是不同的，如在中等职业教育阶段，要注重巩固与提高的问题；高等职业教育阶段的发展重点是如何实现创新发展；对于应用技术类型高等学校则是要尽快解决转型发展的问题。

实施"体系构建"战略，必须坚持职业教育"大协作"的思路，需要处理好与普通教育的纵向衔接、与社会的横向沟通与联系的关系。我国必须将普通教育与职业教育相互融合作为职业教育的发展方向，积极探索在普通教育中渗透职业教育，在职业教育中增加学科性、知识性内容的可行性办法与可操作性方案，积极探索职业教育与普通教育有机结合的职教模式。在横向上，要积极探索职业教育与政府、企业、社会组织之间的联系，推动行业企业和社会参与职业院校治理，加快培育和发展与职业教育紧密相关的社会中介组织，促进职业教育与人力资源市场的开放衔接等多元协作的有效途径。此外，还要积极探索与现代职业教育配套的各项制度设计，如人才培养模式、招生考试制度、现代学校制度等。

（五）实施"机制创新"战略，焕发职业教育可持续发展的活力

体制机制的改革创新是职业教育发展的动力。职业教育要发展，根本靠改革，突破口在机制创新。这是深入推进职业教育改革与发展的重点与难点，是释放职业院校发展活力、引领职业教育科学发展的迫切需要。

实施"机制创新"战略，要建立健全政府推动、行业指导、企业参与的办学体制机制。政府要加快职能转变，由直接的行政管理变为运用立法、拨款、规划、信息服务、政策指导等手段进行的宏观管理。政

府要以"大融合"的思路加强职教资源统筹，统筹区域和城乡职教、中职和高职、职前教育和职后培训以及普教与职教协调发展，改变职业教育条块分割、多头管理、重复设置的状况，整合资源、盘活存量、激活增量，满足人民群众多层次、多样化的职业教育与培训需求。要加快推进职业教育办学类型的多样化，鼓励和引导社会力量进入职业教育与培训领域，形成以政府办学为主体、全社会积极参与、公办职业教育与民办职业教育共同发展的格局。要积极探索扩大学校办学自主权的方式、方法，加快以校企合作为基础的现代职业院校制度建设，推动行业企业和社区参与职业院校治理。

实施"机制创新"战略，要坚持职业教育"大协作"的思路，积极探索职业教育区域合作制度创新，包括跨区域校企融合的职教企业集团东中西对口支援以及区域内的合作等。推进职业教育的整体发展，要将职业教育摆在东部地区对口支援中西部地区的优先位置。积极探索有效措施，鼓励东部地区对口支援中西部地区职业教育发展。同时，鼓励各地打破行政区划限制，探索建立区域内职业教育合作的方式方法，协调区域内的职业教育发展。加强区域职业教育合作方法，还要注重利用现代信息化手段，扩大区域优质教育资源的覆盖面，推进职业教育资源跨区域、跨行业共建共享。①

实施"机制创新"战略，要加快完善职业院校教师的资格标准，加快研制职业院校教师的专业标准，积极探索"双师型"教师队伍的管理制度创新，引领职业教育教师发展；探索创新职业院校教师的企业实践制度和强化落实的办法，例如，按照"大开放"的思路，加强与高水平学校和大中型企业共建"双师型"教师培养培训基地方面的探索。同时，要积极探索职业教育经费的稳定投入与长效机制。加快完善职业教育经费财政保障制度，建立健全社会力量投入的激励政策，积极探索拓宽经费来源的途径，开放更多更广泛的投资渠道；进一步健全公

---

① 教育部, 财政部. 关于实施中国特色高水平高职学校和专业建设计划的意见 [J]. 教育科学论坛, 2019（15）: 6-9.

平公正、多元投入、规范高效的职业教育资助政策体系；探索对职业教育经费投入、使用监管的真招与实招，提高资金使用效率。

## 二、目标

### （一）目标研究的前瞻性思考

1. 基于国际上职业教育观念的演变，职业教育与人力资源开发目标的设计越来越强调满足终身学习的需求。促进人的终身学习，不仅是当前全球教育改革和发展的重要目标，也是当今世界社会转型的重要主题之一。职业教育发展的根本目标在于服务人的发展和经济社会的可持续发展，为我国全面建设小康社会提供强大的人力资源支撑。

从终身学习出发，职业教育发展目标的设计应该拓展范围，不局限于中高等职业学校教育发展，还需要强化各种类型、灵活多样的培训服务，既包括劳动力人口的培训，也包括大中小学生和老年人的教育培训，以及那些面临就业困难、转业转岗的处境不利群体的技能培训等。从终身学习出发的职业教育发展目标的确定，应打破职业教育与普通教育传统的经纬分割、学校与社会的封闭界限，转变工作与生活的脱节等落后观念，促使大职业教育理念得以实现。

2. 基于我国人口变化趋势，职业教育与人力资源开发结构规模调整面临历史机遇和挑战。人口数量和结构变化直接影响各级各类教育发展和人力资源开发的需求。高中教育阶段、高等教育阶段学龄人口的变化，以及劳动适龄人口比重、老龄人口比重，是确定职业教育与培训目标的重要依据。

我国正处于城镇化水平快速提升的关键时期，加上地区之间经济社会水平差异较大，研究职业教育与人力资源开发目标既需要考虑总体规模，也要考虑结构变化态势，促进城市与农村职业教育健康发展，把职业教育发展与解决城镇就业问题、"三农"问题有机结合。同时，要将职业教育结构规模调整放在整体提高我国高中阶段教育和高等教育普及水平的高度，按照区域经济社会发展需要，合理确定中等职业教育与普通高中、普通专科与普通本科招生的比例，更好地发挥中高等职业教育的作用。

3. 适应我国经济社会转型升级，职业教育与人力资源开发进入深化内涵发展的新时期。当前我国经济社会发展正处于转型升级的关键时期。一方面，产业结构调整迫切要求职业教育和培训增强对经济社会发展的适应性，为先进制造业、现代服务业、战略性新兴产业培养培训大量技能人才，提高紧缺人才可获得程度。另一方面，随着我国社会事业发展面临的新挑战，民生问题的解决重要且紧迫，与此相适应，公共治理越来越重要，人民群众越来越追求生活质量和幸福程度，与人民群众密切相关的各种行业如医疗卫生急需大量人才，老龄人口的继续教育和培训需求日益增长。对照中长期教育改革和发展规划纲要确定的战略目标，未来五年是我国职业教育发展与人力资源开发在内涵发展上深化提升的关键时期。

（二）中高等职业教育发展目标

课题组实证分析表明，在 2020 年前后，我国 15～17 岁、18～22 岁高中阶段和高等教育学龄人口均出现减少的情况，低谷分别出现在 2018 年和 2021 年，但后十年全国高中教育阶段和高等教育阶段学龄人口又将呈现回升态势。因此，学校建设和资源配置压力减轻，成为中高等职业教育深化改革的有利时期，调结构、提质量是重要战略主题。这一时期发展水平将为 2030 年中高等职业教育发展提供坚实保障。

1. 扩大中等职业教育规模，推动我国普及高中阶段教育。按照国家所确定的中等职业教育发展总体要求，通过招生政策的调整或变化，加强统筹中等职业学校和普通高中的招生，为经济社会发展培养中等职业技能型人才，发挥中等职业教育在建设现代职业教育体系中的基础性作用。聚焦国家教育发展重点，关注连片特困和条件不利地区高中阶段教育普及发展。连片特困地区在高中阶段教育方面仍然存在"保基本"的严峻任务。

2. 创新发展高等职业教育，优化高等教育结构规模。在这一进程中，高等职业教育作为培养高素质劳动者和技术技能人才的重要阵地，其地位和作用日益凸显。政府明确提出，将继续加大对高等职业教育的支持力度，确保未来五年内普通专科招生规模占高等教育阶段招生规模的比例持续提高，年均增幅保持在略高于一个百分点的水平。至2023年，全国普通专科招生数已显著增长至约400万人，实现了从量到质的双重飞跃。

与此同时，高等职业教育在校生规模也实现了历史性突破，接近并有望超过1300万人，成为高等教育体系中不可或缺的重要组成部分。这一庞大的学生群体，在先进的教学理念、实践导向的教学模式以及紧密的产教融合机制下，不仅掌握了扎实的专业理论知识，还具备了高超的实践操作能力和创新思维，为我国的产业升级、技术创新和社会进步提供了源源不断的人才。

此外，高等职业教育还积极响应"一带一路"倡议、数字经济和绿色发展等国家战略，不断优化专业设置与课程内容，增设人工智能、大数据、智能制造、清洁能源等新兴领域相关专业，以满足经济社会发展的新需求。通过深化校企合作、强化实践教学、拓宽国际视野等举措，高等职业教育正努力培养出一批批具有国际竞争力的高素质技术技能人才，为构建新发展格局、推动高质量发展贡献智慧和力量。

3. 增强职业教育对经济社会发展适应性，提高紧缺人才可获得程度。满足经济社会发展对紧缺人才的需要始终是职业教育发展和实现教育现代化的战略任务。要积极落实中共中央、国务院关于职业教育发展的决定，及时了解我国经济社会发展重点领域急需紧缺人才的动态信息，促进职业教育进一步优化结构，全面提高教育质量，提高人才培养与社会行业企业用人需求的适应性，增强服务经济社会发展的能力，推动职业教育科学发展。

建立行业协会、专业机构以及行业企业参与职业教育监测评价机制，建立探索全社会推动职业教育发展的新路径。扩展职业教育和高等教育行业教学指导委员会等机构的职能和作用，发挥其具有了解行业人才需求信息、能够指导学校调整专业与人才培养规格等方面的优势与特点，组织其提供全国及各地人才培养适应性、获得便利性以及人才培养规模、结构、质量等方面水平与变化的数据信息，实现各行业专家、学校和科研机构、社会公众的广泛参与，特别关注反映教育质量、教育结构适应性等发展中的重大问题，提高社会对教育的参与程度和水平，为科学评价国家和各地职业教育现代化发展提供依据和新的途径。

（三）从业人员继续教育与培训目标

根据我国全面建设小康社会以及 2023 年基本建成学习型社会的战略目标，适应经济社会转型发展和国民素质提升需求，加大从业人员的继续教育和培训力度，致力于从业人员的技能提升以及择业、就业与创业的竞争力提升，是我国职业教育和人力资源开发面临的重大任务。

1. 从业人员继续教育规模。2020 年以来，随着社会对终身学习和职业发展的重视，从业人员继续教育的规模不断扩大。政府、企业、教育机构等多方力量共同推动，形成了多元化、多层次的继续教育体系。这一趋势在 2023 年得到了延续，继续教育的覆盖面和参与度进一步提升。

2. 城镇从业人员培训。2020 年，城镇 15～64 岁劳动力人口达到 6.17 亿人，按照 70% 的劳动参与率计算，2020 年有 4.9 亿人从业人员。按照年继续教育参与率 50%（两年一轮培训）计算，每年将有近 2.5 亿人次的继续教育和培训规模。

从产业来看，第二产业中的制造业、建筑业从业人员数量大，2010 年分别达到 1.2 亿人、3920 万人左右，但大专及以上文化程度的比例不到 10%、6%。职业培训的任务非常重，与我国经济转型升级密切相关的先进制造业、现代服务业、战略性新兴产业从业人员的素质不容乐观，需要加大培训。

与此同时，第三产业中与人民健康密切相关的卫生社会保障和福利业在人才培训及培养上面临较大需求，从业人员数量上存在缺口，从业人员的受教育程度也有待提高。2010 年，我国卫生社会保障和福利业人员为 834 万人，高中及以下文化程度的比例近 45%。从未来从业人员的供给来看，2010 年我国医学类本科专业在校生所占比重为 6.98%，专科为 8.58%，比例低于高收入国家的健康与福利类专业在校生所占比重。2010 年，高收入国家中有 22 个国家的健康与福利类专业在校生所占比重超过 10%，而超过 15% 的国家有 13 个。

从地区来看，人口的跨区域流动对各地区的从业人员培训产生了重大影响。劳动力人口跨省迁移所带来的教育和培训任务集中在东部地区，尤其是广东、北京、上海、天津、浙江等省市。考虑省内迁移率因素，江苏、山东等省内迁移高比例省份的城市承担比较重的职业教育和培训任务。[1]

3. 农村劳动力培训。研究显示，2020 年，全国农村 15~64 岁劳动力人口仍然达到 3.68 亿人。根据建设新农村和发展现代农业的要求，按照继续教育年参与率达到 20% 以上（五年一轮培训）测算，每年将有超过 7300 万人次的培训。农村劳动力培训以培养新型农民为重点，开展农村劳动力实用技术培训，重点开展农村发展带头人、农村技能服务型人才、农村生产经营型人才和新型职业农民的实用技术和专业技能培训。关注连片特困地区，提高农村实用技术培训，加快发展远程继续教育。

4. 农村转移人口培训。从 2020 年，全国农村地区 15~64 岁劳动适龄人口占比将每年下降一个百分点，2020 年为 25.87%，每年农村转移人口 1300 万左右。为提高农村转移人口的技能水平与就业能力，相应地，每年将有 1300 万人次的农村转移劳动者的转业培训。包括面向进城务工人员、待业人员、失业人员的职业教育培训，帮助他们掌握在城市和非农产业就业的基本知识和职业能力，不断提升技能水平和就业能力。

5. 毕业生岗位适应能力培训。全国中职毕业生、普通专科毕业生

---

① 方灿林，郭庆志. 专业教学资源库："互联网+教育"在职业教育领域的率先落地 [J]. 中国职业技术教育，2019 (19): 8-12.

2013 年已分别达到 558 万、319 万，到 2020 年毕业生规模进一步扩大，中职毕业生超过 600 万，普通专科毕业生超过 300 万。重点对工作 1~3 年毕业生的岗位适应能力开展继续教育和培训，按照三年一轮培训周期，每年培训 900 万人次左右。

（四）职业教育与普通教育的沟通融合

未来我国义务教育阶段将出现学龄人口大量增加，并促进义务教育均衡发展，应为城乡适龄学生提供良好的教育，为促进每一个学生终身发展奠定良好的基础。根据促进我国国民素质提升和职业教育体系建设的需要，应加强职业教育与普通教育的沟通融合，在义务教育阶段和普通高中加强信息技术、劳动与技术以及职业生涯指导等职业技术教育内容的学习，为学生提供多样化课程选择，并为学生多路径成才搭建"立交桥"。

劳动力人口的迁移及分布变化将带来基础教育适龄人口的迁移及其分布变化。2013 年，全国义务教育阶段进城务工人员随迁子女达 1277.9 万人，其中 56% 分布在东部地区，特别是东部的广东省，义务教育阶段进城务工随迁子女在校生达到 243 万人，占全国的 19%，其规模几乎超过了整个东部地区其他省市之和。2013 年浙江省义务教育阶段进城务工随迁子女在校生超过 103 万人，占全国的比例为 8%。2020 年，全国达到 1767 万左右，东部地区为 1005 万左右，而浙江达到 161 万人，广东更是达到 363 万人，广东占东部地区比例超过 1/3。浙江基于国务院多部委共同推进的关于进城务工人员随迁子女接受义务教育后在当地参加升学考试政策的出台实施，未来东部地区尤其是浙江、广东等省市将有越来越多的外来务工人员随迁子女在当地接受职业教育或培训。

（五）质量提升、制度建设及其保障目标

1. 人才培养与就业水平。院校布局和专业设置更加适应经济社会需求。职业院校区域空间布局得到进一步优化，专业设置更为科学合理，实施较为健全的专业随产业发展的动态调整。重点提升面向现代农业、先进制造业、现代服务业、战略性新兴产业和社会管理、生态文明建设等领域的人才培养能力。

普遍提高职业院校办学水平。办学条件明显改善，实训设备配置水平与技术进步要求更加适应，现代信息技术广泛应用。能够指导学生增强实践动手能力的专兼结合"双师型"教师队伍建设进展显著。到2023年，实现中等职业学校、高等职业院校办学标准基本达标。建成一批世界一流的职业院校和优势专业，形成具有国际竞争力的人才培养高地。

提升职业教育毕业生的就业水平和人才培养的社会适应性。职业教育与社会、与用人单位的信息沟通及联系畅通，国家或区域内的人力资源市场需求预测和信息发布较为完备及时，职业教育人才培养基本能够适应和满足经济社会发展及人力资源市场的需求，紧缺人才可获得程度得到提升，提高社会、公众对职业教育人才培养的适应性和满意度。

2. 制度与平台建设。完善政策和宏观制度建设。在广泛调研基础上，进一步推进现代职业教育制度基本建立，职业教育与人力资源培训政策法规更加健全，相关标准更加科学规范，监管机制更加完善。引导和鼓励社会力量参与的政策更加健全。

创新人事管理制度。适应经济发展、产业升级和技术进步需要，建立专业教学标准和职业标准联动开发机制。职业教育教师资格标准不断完善，教师专业标准实施水平提高，并健全教师专业技术职务（职称）评聘办法，探索试行在职业学校设置正高级教师职务（职称）。

深化教学和考试制度改革。健全考试招生办法，为学生接受不同层次职业教育提供多种机会。面向就业的职业教育和高等教育学习模式实现多样化，以学分银行为基础的分段式学习制度改革取得初步成效。

搭建职业教育校企合作平台。完善职业教育校企合作指导委员会平台，搭建职业教育与产业行业、职业教育与行业协会组织、职业学校与企业之间密切合作的工作平台，开设校企合作网络信息交流平台，探索建立校企联合招生、联合培养的现代学徒制，完善支持政策，推进校企一体化育人。

加快职教集团政策、体系和制度建设。创新建设战略，院校、行业企业、科研机构、社会组织等共同组建职业教育集团的支持政策得以建立健全，更有效地发挥职业教育集团在促进教育链和产业链有机融合中的作用。

3. 经费投入、资助与扶持。强化公共财政支持，职业教育经费投入力度加大。地方人民政府依法制定并落实职业院校生均经费标准或公用经费标准，地方教育附加费用于职业教育的比例不低于30%。地方人民政府加大经费统筹力度，发挥好企业职工教育培训经费以及就业经费、扶贫和移民安置资金等各类资金在职业培训中的促进作用，提高资金使用效益。

加大学生资助力度。进一步扩大直接资助力度，职业教育资助政策体系趋于完善。进一步健全公平公正、多元投入、规范高效的职业教育国家资助政策。职业院校助学金覆盖面和补助标准动态调整机制逐步形成。

特别关注连片特困地区。农村和连片特困地区职业教育支持力度进一步加大。国家制定奖补政策，支持东部地区职业院校扩大面向中西部地区的招生规模。进一步改善民族地区职业院校办学条件，建设一批民族文化传承创新示范专业点。

## 第三节　提高职业教育的任务重点

加快发展现代职业教育，是党中央、国务院做出的重大战略部署。进入21世纪以来，我国职业教育发展取得了巨大成就，中高等职业教育快速发展，职业院校办学基础能力显著提高，产教结合、校企合作不断深入。但是，必须清醒地看到，职业教育的发展理念相对陈旧、职业教育质量不高、行业企业参与职业教育的动力机制尚未形成、职业教育的现代学校制度尚未建立、农村等不利地区职业教育发展滞后、职业教育法律体系和标准体系仍不健全，这些问题的存在直接制约和影响着我国职业教育发展，急需重点关注、重点研究、重点解决。

（一）努力提高职业教育质量

提高职业教育吸引力的关键问题在于提高职业教育质量。《国家中长期教育改革和发展规划纲要》也把提高质量作为我国职业教育改革的重点。面对毕业生就业难、就业质量下降的形势，职业教育人才培养面临着额外的压力和质量诉求，尽管毕业生就业率和就业质量的高低主要取决于经济社会发展对劳动力的新需求和人才培养的外部环境，但受传统教育人才培养体制和模式惯性的影响，职业院校专业设置、人才培养规格、课程体系与教材、学生的实践能力培养、毕业生的基本职业素养、就业后的岗位适应性和发展能力等，仍存在改革创新和进一步提升的空间。尤其是在毕业生的岗位适应性和实践动手能力方面，由于在校期间缺乏校企合作联合培养的机会和真正能够指导学生提高实践能力的教师，学生掌握的知识和技能难以真正符合实际工作的需要，不利于得到用人单位的肯定和正面评价，急需从校企合作培养机制建设、人才培养模式创新、教育教学内容改革、专业结构调整、专业口径调整、教师队伍建设，尤其是"双师型"教师队伍建设，以及相应的评价标准和机制等方面入手，加大职业教育和高等教育的改革探索力度，着力提升毕业生的就业能力、岗位适应性和持续的发展能力。[①]

此外，健全职业教育质量评价制度也是提高职业教育质量的重要保障。要把学习者的职业道德、技术技能水平和发展潜力作为评价职业教育质量的核心指标，把毕业生就业率、就业质量、创业成效、用人单位满意度、学习者持续发展能力以及职业院校对区域产业经济发展的服务贡献能力等作为职业院校绩效的核心指标。同时，建立学校、行业企业、研究机构和其他社会组织共同参与的职业教育质量评价机制。

---

[①] 胡伏湘. 基于大数据的智慧职教：内涵、平台设计与应用［J］. 中国职业技术教育，2017（3）：85-91.

（二）构建行业企业参与职业教育的动力机制

我国职业教育领域的校企合作，近年来通过示范建设引领和各地的积极改革探索取得了较好的效果，但总体上看，行业企业参与职业教育的体制机制仍没有在本质上得到突破，缺乏实效性、稳定性和长期性。为应对我国加快转变经济发展方式、优化产业结构对职业教育的发展需要，积极探索增强行业企业参与职业教育的动力机制，是有效推进职业教育校企合作健康发展的关键。

构建我国行业企业参与职业教育的动力机制，必须在尊重我国国情的前提下，遵循职业教育发展和企业经济运行的客观规律，依据合作互利的指导思想进行科学构建。

首先，构建行业企业参与职业教育的动力机制要加快政府职能转变，政府由直接管理转向宏观管理。政府主要通过出台法律法规等硬性规定，规范行业企业职业教育行为；通过统筹职业教育资源，提高现有资源的使用率和利用率；通过对职业教育的资金投入、制定优惠政策措施等，激发行业企业的积极性。

其次，为保障不同职业教育利益群体的要求，尤其是行业企业的利益，需要建立教育决策利益平衡机制，而这个机制的关键在于建立和发展行业组织。为此，建立并赋予行业组织对职业教育的选择权和对职业教育事务决策的参与权非常重要，一方面可以以行业企业需求为基准来理解和认识行业企业参与职业教育，使行业企业对职业教育的需求内在化，实现互惠互利、利益共享。另一方面，从源头上提升企业的话语权，提高行业企业对政策的认同感，有利于行业组织充分发挥责任。行业组织有判断未来技能需求、制定职业标准、影响并开发未来资格、提供商业计划的劳动力市场信息等职责，这些是职业教育体系与劳动力市场需求机制中的基础性职责。

最后，要构建"双向受益"的行业企业深度参与职业教育制度。作为市场经济的微观主体，获得利润是保证企业生存下去的首要条件。如果没有经济动力作用，指望企业主动承担教育责任是不现实的。要保证行业企业深度参与职业教育，必须首先安排好参与双方的共同利益，这是推动行业企业参与职业教育的根本动力源。企业与职业教育机构之间、企业与政府之间没有相互利益驱动，只单靠外部推动及宏观指导是难以维持长久合作的。构建"双向受益"的行业企业参与职业教育制度要涵盖建立企业参与职业教育的利益补偿机制、建立行业企业参与职业教育的经费支持体系、建立完备的劳动力市场体系等方面，并关注行业企业的直接和间接经济动力。

（三）加快职业院校的现代学校制度建设

现代职业学校管理体制的创新，是职业教育发展的不竭动力，也是职业教育实现腾飞的重要力量。总的来说，现代学校制度主要包含两方面的关系：一是学校和政府、社会之间的关系，即教育的宏观管理制度；二是学校内部各方面的关系，即学校的内部管理制度。建设现代学校制度就是要处理好学校内外两方面的关系。

在宏观管理制度层面，一方面，要调节好学校改革和发展中的利益相关主体，建立新型的政、校、社关系。现代职业学校制度要求政府转变职能，更多地依靠经济和法律的手段对职业教育进行管理。政府对学校的管理应升级为宏观层面的建设规划，专注于制度建设、公共服务等宏观调控，让市场机制在职业教育中充分发挥积极的作用；政府适度退出职业教育的领域，把教育决策权归还给职业学校，在知识和决策权结合的基础上提升决策的效率和效能；努力完善学校治理结构，切实落实学校办学自主权，不断提高教育公共服务的能力与效率。政府职能的转变使得学校成为开放的社会组织，使得学校和社会之间的联系越来越紧密，社会对学校的影响也越来越重要。另一方面，要探索建立适应不同群体多样化需要的专业、课程体系的现代职业学校制度。充分发挥企业的信息和技术优势，将行业企业收集到的市场相关信息通过"双师型"教师转化为学校专业、课程设置的重要内容，实现学校专业设置、课程设置、培养目标与市场需求的无缝式对接。在推进职业学校专业建设、课程开发和教学改革的进程中也促使"双师型"教师一边学理论，一边去实践，使职业学校的教育教学研究落在实处并富有实效。

在学校内部管理方面，要积极推进学校内部的管理体制创新。现代职业学校制度促使职业学校的管理者面对职业教育的新情况，应及时调整管理体制，适时创新管理体制。管理体制的创新不仅仅是指管理者自身的创新，还包括作为职业学校重要主导的教师的创新。鼓励、支持创新的同时要努力营造创新的文化氛围，建立合理的评价和奖励制度，以合理的激励促进管理的不断创新。同时还要更多地倾听学生的声音，以学生为本，更多地关注学生的身心健康、情感需要、思想动态、价值取向等方面。这种关注多元利益主体的管理体制突破了原有的管理体制框架，促使学校走进产业、行业、企业，建立起校企合作、工学结合的人才培养模式。

（四）加快完善职业教育法律体系和标准体系

党的十八大提出"加快完善社会主义市场经济体制和加快转变经济增长方式"的要求。市场经济是以健全的法制为基础运行的，法制越完善，经济就会越健康。职业教育是与市场经济结合最紧密的一种教育类型，职业教育的法律法规体系是否不断健全、完善，职业教育是否有法可依、能否依法治教，直接决定了职业教育的发展步伐。

职业教育法律法规体系建设，必须依托法治精神，对职业教育法律框架的顶层设计进行周密的规划。要系统思考并谋划职业教育依法行政、依法治教、依法治校的方式、制度及其运行机制，用构建新型央地政府间战略伙伴关系、政府—学校与社会广泛参与的新思路，体现法治精神所要求的制约权力以及保障权利的价值、原则和精神。地方在推进职业教育创新发展的探索过程中，必然会遇到与原有法规不兼容的地方，需要突破原有的法规条文或政策，而这时往往又很难形成临时性的或新的法规与政策，在这个空档期，就需要用法治的精神指导和保障职业教育领域的改革与探索，需要依法规范各级政府的职能范围和履行职责的方式，在程序规范、公开透明和接受公共监督的情况下推进实践与改革。另外，在现有法规体系及相关政策尚未明晰，或一时难以细化到的环节和方面，则需要在央地政府新型关系模式的实践探索中通过协商机制加以逐步明确和落实，并通过确立相应的透明化体制和相互监督约束机制，建立和形成指导与约束全国各地落实国家教育发展目标和战略的行动框架。

职业教育法律法规体系建设，须充分关注并安排相应的监督、审议和问责制度的同步建设。一是注重发挥专业化机构的职能与作用，将一部分评议、审查、评价、专业化服务的职能转移或延伸到这类机构中去。二是要通过公共信息公开，让社会和家长了解职业教育政策执行和教育发展进展情况，通过相关制度和规范的途径，吸引社会力量关心和参与教育的管理与运行。同时，要通过问卷调查、信息平台等方式了解广大人民的职业教育需求和对于教育的满意度，通过公共媒体和广大人民发表意见，发挥公共监督和公共问责的社会职能，为职业教育发展提供健康的外部环境。

完善职业教育各项标准建设，建立符合我国国情的职业教育标准体系，是保障我国职业院校规范建设、达到基本办学条件的根本要求。职业教育标准体系包括设置标准、建设标准、教师资格标准、教师编制标准、生均拨款标准、公用经费标准、专业课程标准和质量评价标准等多方面内容。为此，完善职业教育各项标准建设，要充分借鉴国际经验，进行适合我国国情的职业教育标准体系的积极探索；要在制定各项标准体系的基础上，完善各项标准的实施和检验制度，落实相关部门实施标准的责任，建立根据经济社会发展水平和产业升级要求动态调整标准的机制。

# 第五章

# 职业教育发展的体制机制创新

实施具有中国特色的职业教育发展战略，需要创新职业教育发展的体制机制，构建新型现代职业教育体系，创新运行保障机制，提高治理能力，优化发展环境。

## 第一节 构建新型现代职业教育体系

构建现代职业教育体系是一项支撑"实现经济升级、促进充分就业"的，面向人人、融入社会的，把职业技能和职业精神的教育培训相融合的战略性工程。政府及其他相关主体要通过改革的方式把职业教育办好、办大、办强，并在国民教育体系和终身教育体系的宏观背景下实现各级各类教育的融通，既能够与社会、世界互通有无，又能够满足不同地区的差异化需求。①

### 一、建设符合国情的大职业教育体系

当前我国的经济增长方式还不适应参与国际竞争的需要，产业结构调整依然面临艰巨的任务，产业结构提升急需从人力资源开发中获取强

① 刘建同. 深入学习领会党的十九届六中全会精神全力推进现代职业教育高质量发展 [J]. 中国职业技术教育，2022（1）：82-86.

力支撑，这对于现代职业教育体系的建设提出了更加严峻的挑战与更高的战略目标。建立现代职业教育体系是一项重大教育改革和制度创新，是对我国职业教育发展思路、功能定位、体系结构、基本制度、保障机制等关键问题所做的全面梳理、全新设计、全盘安排，其最终目的不只是促进就业和服务社会，也是培养高素质的、全面发展的有敬业精神、职业精神的人才，因此它具有三大特征：一是顺应发展，满足需求；二是多元参与，遵循规律；三是开放多维，灵活多样。

（一）顺应发展，满足需求

在当前全球经济格局深刻调整与我国经济高质量发展的背景下，构建符合国情的现代职业教育体系尤为重要。过去几十年，中国经济虽实现了快速增长，但主要依赖于低成本劳动力、高资源消耗及外部技术引进的粗放型发展模式，这在一定程度上限制了经济的可持续性和竞争力。面对全球经济环境的变化与国内消费结构的升级，我们从"制造大国"向"智造强国"转变关键在于创新驱动与内需拉动。

首先，满足经济转型与产业升级的迫切需求。随着"中国制造2025"战略的实施，我国正加速向智能制造、绿色制造、服务型制造转型。这一过程中，对高素质技能人才的需求激增，要求职业教育体系必须紧跟时代步伐，深化产教融合，优化专业设置，强化实践教学，以培养更多具备创新精神和实践能力的高技能人才，支撑我国从产业链中低端迈向中高端。

其次，破解"内需不足"与"低端锁定"的困境。长期以来，我国经济发展过于依赖外需，内需潜力未得到充分挖掘。构建现代职业教育体系，应注重提升学生的综合素质与职业能力，鼓励他们成为推动消费升级和内需扩大的重要力量。同时，通过职业教育促进产业结构优化升级，减少对低附加值产业的依赖，实现经济发展方式的根本性转变。

最后，适应新工业革命与技术变革的挑战。当前，以人工智能、大数据、云计算、物联网等为代表的新一轮科技革命和产业变革正在全球范围内蓬勃兴起，为经济社会发展注入了新的动力。面对这一趋势，现代职业教育体系需紧跟技术前沿，加强信息技术、智能制造、生物技术、新能源等领域的专业设置与课程建设，培养具有跨学科背景和创新能力的复合型人才，为我国的创新驱动发展战略提供坚实的人才支撑。

综上所述，构建契合国情的现代职业教育体系，不仅是我国实现经济高质量发展的必然要求，也是提升国家竞争力、促进就业创业、满足人民日益增长的美好生活需要的重要途径。我们应坚持以人民为中心的发展思想，深化职业教育改革，推动职业教育与经济社会发展深度融合，为全面建设社会主义现代化国家贡献力量。

现代职业教育体系是全球化、知识经济、终身教育思潮背景下与国民教育体系有重叠又有其独立性的职业教育体系。这要求现代职业教育体系根据当前经济发展特点和产业发展趋势，合理进行专业设置及专业布局规划；根据未来经济发展趋势，培养绿色技能型人才，满足不同地域、不同时期经济发展对人力资本积累的需要；满足不同年龄、不同背景的人对自身技能积累的需要，关注个人职业生涯发展全过程，实现学历职业教育与非学历职业教育一体化发展。这就需要将职业教育融入个人职业生涯发展，包括从职业准备教育到就业或岗位培训，再到升迁、转岗、再就业培训等全过程。

（二）多元参与，遵循规律

符合市场需求。职业教育培养的人才面向就业，体现服务宗旨，因此其专业设置和人才培养必然要尊重市场对人才的要求。一项针对就业岗位需求的调查显示，企业的岗位设置对职业教育的人才需求有着巨大的影响，以上海某石化炼油装置岗位变化为例，产能调整前和产能调整后的人才需求结构变化是很大的。

体现职业教育规律。职业教育有其不同于普通教育的自身特点和规律，但目前职业教育在招生考试和人才培养等方面，不同程度地存在按照普通教育模式办学的现象，而职业教育体系本身是探索职业教育发展规律和技术技能型人才全面发展的规律，因此探索现代职业教育体系成为必然和必要。

满足人才成长规律。市场需求与职业教育自身发展规律决定了职业教育培养的技术技能人才有其自身独特性，与强调知识储存和传授的普通教育不同，职业教育突出应用和实践，需要面向市场、面向社会办学，采用校企合作、工学结合人才培养模式，强调行业企业、社会和政府多元参与办学。

（三）开放多维，灵活多样

现代职业教育体系在全球化、经济化、知识化的背景下应运而生，决定了它是一个开放多维、灵活多样的系统。

多种路径。现代职业教育体系不是一个封闭的系统，而是在国民教育体系和人力资源开发系统下的一个开放多维、灵活多样的立体结构，这决定了有接受职业教育需求的人们进入现代职业教育体系的路径也必然是多元的。

四通八达。从现代职业教育体系内部看，各级职业教育在纵向上是贯通和有机衔接的，打造初级、中级、高级职业教育，甚至是更高层次的人才成长"立交桥"，同时，它又必须同外部的其他教育类型及整个社会环境相互沟通，这就要求现代职教体系各类办学主体向社会开放，向普通教育（包括基础教育和普通高等教育）和成人继续教育开放，面向人人，对人的终身发展开放，从而建立有利于全体劳动者接受职业教育的灵活学习制度，让人人共享教育资源，以满足广大人民群众日益增长的职业教育需求等。

## 二、现代职业教育体系的具体要求和核心内容

（一）融合普通教育

职业教育不应是单纯培养人的一技之长，而应是为人的未来生活发展奠定基础，必须体现普通教育的理念和内容；要与其他各级各类教育沟通、融合，单独任何一个教育类型都无法培养出社会需要的全纳性人

才；普通教育以学科体系为培养人才途径，但也需要贯通职业教育内容；职业教育虽然侧重技能培养，以就业为导向，但是也必须具备基本的知识与人文素养；职业学校相比普通学校更加突出实践教学与就业导向，但也要传授学生一定的文化知识和素养，培养相应的职业道德和就业能力、工作能力以及职业转换能力。如《上海市职业教育条例》第三条就明确规定了本市职业教育应当提高劳动者的文化素质、职业道德、就业能力、工作能力和职业转换能力。而普通学校也应当在一些专业设置与培养过程中渗透和吸收职业教育突出实践和就业能力的培养优势，而不是单纯强调普通与通识。时下，社会上出现了这样一些现象：职业学校的学生身在职业学校却一心向往普通学校的价值体现与尊严实现，大学生毕业找不到工作，或者即使找到工作也要回职业学校进行上岗培训，以适应就业需要。为了改变上述弊端，构建现代职业教育体系在横向上要与普通教育融合沟通，在不同教育阶段针对不同学生和教育特点进行不同内容和方面的创新。

基础教育阶段，通过课程和教学渗透等方式融入职业教育内容。义务教育阶段，在小学和初中课程教学中融入职业实践教育的内容，锻炼学生的实践和动手操作能力，培养学生的职业精神与素养，同时可以引进职业生涯课程与适性辅导，让学生在全面发展的同时了解自己的兴趣与特长，为下一步的普职教育分流奠定理性选择基础。高中教育阶段，应针对不同区域采取相应的举措。我国东部地区应大力促进高中多样化，不局限于科技、艺术、体育方面，而是更广泛地体现职业教育的内容和特点。不仅在综合高中增加和渗透职业教育内容，普通高中也可以有更加多样的类型，比如，可按不同学生选课重点分为学术型、技术型、技能型，几类对象都应当同时授予学术知识和技术技能内容，只是各自侧重点不同而已。高等教育阶段，针对不同培养层次创新发展。支持高等学校教育层次采取协同创新的办法开展职业教育，加强社区教育和终身学习服务。建议高职教育层次扩大招收职后阶段的对象，这不仅符合职业教育人才成长规律，而且可以体现和满足为地区、社会和企业服务的导向和宗旨。

创新高端职业教育人才培养模式。借助国家重大产业和攻关项目，通过知名行业企业实验室和基地招收和培养职业教育专业硕士和专业博士，也可以通过高校、企业、行业科研协同创新的方式联合培养高端职业教育人才，改变传统的学校培养模式。人才培养主要在实验室和基地进行，同时加以理论知识的提升，最终研究结果可以通过多种方式呈现，如论文、工程、产品设计以及技术攻关项目等。

（二）融入终身教育体系

构建职业教育体系要打破惯性思维，淡化壁垒，做到学历教育和非学历教育协调发展，职前教育和职后培训有机衔接，在整个招生、培养、评价中建立弹性制度和模式，为每一个人的成功成才提供渠道和机会。

改革招生、培养和评价制度，满足人人成功成才的需求。建立招生和评价入学的弹性制度和模式，为企业中有需求、有能力的人接受职后教育提供机会和渠道。健全"文化素质+职业技能"、单独招生、综合评价招生和技能拔尖人才免试等考试招生办法，为学生接受不同层次的职业教育提供多种机会。逐步扩大高等职业院校招收有实践经历人员的比例。建立学分积累与转换制度，推进学习成果互认衔接。

建立职业教育服务社区机制，促进当地经济和文化发展。职业学校和培训机构可以与当地社区联合，通过开展多种形式的社区活动，传播和培训各种各样实用技术，共同推动当地社区学院的建设，促进当地文化交流和传播。

注重与当地社区采用共建共治的治理模式。社区代表可参与学校治理，学校的教师和技术人员可以在社区开课，也可以邀请当地有资历的人来学校开课，通过多种方式把职业教育机构与当地文化发展联系起来。东部发达地区要使职业教育学校成为普及基本知识和技术、促进社区建设的重要力量。中西部地区要发展职业学校成为当地技术推广、文化建设和社会管理的主力军。

（三）探索中国特色的学历证书与资格证书新体系

基于学校的职业教育采用学历教育层级结构，在中职和高职两个层次的基础上，目前正开始探索建立本科层次、研究生层次的职业教育。基于工作场所的职业教育则采用国家职业资格证书的层级结构与标准，或者行业企业职业技能标准和岗位规范要求；基于社会的职业教育则采用更为多样、灵活、开放的水平评价和证书体系。①

（四）加快探索职业教育信息化和网络化进程

现代新型职业教育体系是全球化背景下的面向人人和社会的开放性系统，探索建立信息化和网络化的职业教育体系势在必行。

知识经济的快速发展与影响渗透着人们生活的方方面面，职业教育亦不例外。职业教育的招生、培养和评价无一不受到信息化和网络化的影响。通过信息化和网络化的多元路径，不仅可以便捷职业教育学历教育的各个环节，还能为非学历的职业教育打开新的路径和渠道。尤其是当下"慕课"新型学习浪潮的袭来掀开了各地、各校通过网络和信息改革教学的新路径。如此一来，通过信息化和网络化的多元路径，不仅可以打破以职业学校为主体、学历教育为目标，终结性的职业教育模式，还可以进一步丰富和补充职业教育体系的内涵。

职业教育的网络化和信息化，可以借助大数据的思维与方法收集不同学生群体对于职业教育的需求和诉求，在此基础上进一步分析处理，从而丰富原有的课程与教学方式与内容，提升课程质量，促进职业教育自身发展，完善和促进职业教育体系内涵式建设。

（五）强化职业院校的社会服务功能

与普通高校相比，职业院校社会服务的职能更为突出、意义更为重要。高职院校开展社会服务，是区域经济社会发展的客观要求，也是学校自身生存发展的需要。当前，高职院校在社会服务方面存在意识不强

---

① 庄西真.2021是我国职业教育高质量发展的"大年"［J］.职业技术教育，2021（36）：29-33.

的问题，同时也缺乏很好的运行机制。课题组在实地调研中，发现部分地方开始意识到这个问题，政府首先在职业院校的社会服务方面展开了行动。比如，宁波市组织实施了"职教进企业、服务促发展""牵手百家企业""2211 校企牵手"等主题活动，推动职业院校主动走进企业，了解企业需求，解决企业难题。政府通过营造有利的氛围，提供有效的活动载体，发挥职业院校的作用，促使其服务于区域企业发展。

然而仅依赖政府的行动是远远不够的。职业教育作为经济社会发展的重要基础，与行业社会发展关系密不可分。职业院校要保持可持续发展，必须深入行业企业、融入社会社区，了解、研究和分析行业和区域发展新动向、新需求，掌握最新、最关键的技术，用以指导专业建设和提升教师素质。

因此，应当强化职业院校的社会服务功能，为当地经济服务。职业院校发展要与当地经济产业结构相适应，立足当地、服务当地。加强舆论宣传，提高当地企业参与职业教育与培训的自觉性、责任感，形成重视技能、尊重技工的良好氛围。比如，政府和职业院校可以通过举办各种活动，邀请当地企业，借助媒体宣传校企合作的成果以及企业所付出的努力，一方面，可以加强职业院校与当地经济社会的联系，另一方面，也可以让社会公众更多地了解企业在学校教育中所做出的努力和贡献，消解社会公众对职业院校的"偏见"，提升企业参与合作办学的自豪感和责任感。

### 三、完善体现区域特点和需求的职教体系

#### （一）体现各地区不同特点

由于东中西部地区之间经济发展的不均衡，决定了不同地区间职业教育体系建设的内容和重点也是不同的。新型现代职业教育体系应当体现不同地区、不同经济发展阶段和水平的职业教育发展内容。东部地区职业教育重在优化发展，围绕战略性新兴产业、新能源和现代服务业进行优化升级。东部及中西部发达地区大力发展高职教育和各类培训，中

西部贫困落后地区办好一大批中等职业技术教育机构。西部地区以传统产业和劳动密集型产业为主导，第一产业比重大，第二、第三产业，尤其是第三产业发展相对落后和不足。西部地区矿产资源储量高、种类多、分布广，水资源蕴藏丰富，还有大片的森林、峡谷、草原形成的旅游资源，大量自然资源亟待开发与保护。因此，西部地区职业技术院校的设立和专业的设置必须适应经济发展的要求，如可在矿产资源和旅游资源丰富的不同地区，分别设置与之相适应的石油、化工和园艺、商贸、旅游、服务业等职业院校和专业；在农业比较发达的地区，大力发展种植业、养殖业、特色农业、畜牧业等。

同时，积极鼓励东部与中西部多种形式合作举办职业教育。通过倾斜性政策鼓励行业企业、地方和社会力量，继续参与办好各类职业技术学校，尤其要大力支持和鼓励部分省、市打破行业和所有制界限，探索社会各界共同合作举办混合所有制的职业教育，在面向市场、面向就业、自主办学、自我发展方面积累新鲜经验。

不同地区间职业教育体系的主导力量要区别对待。东部地区作为职业教育发展的前沿阵地，更应当发挥市场机制的引导作用，进而优化职业教育体系布局结构，学校、企业和行业可以通过优势互补的方式共同促进职业教育优化提升，而西部地区则主要加大政府的推动作用，在基础办学条件和教育公平方面加强干预。

（二）关注城镇化发展对职业教育技术技能人才的需求

随着城镇化进程的加速，社会对职业教育和技术技能人才的需求日益凸显。城镇化不仅仅是人口向城市集中的过程，更是经济结构、社会结构和生活方式的深刻变革。这一变革对职业教育提出了新的要求，同时也为职业教育的发展提供了广阔的空间。

城镇化推动了产业结构的升级和转型。新兴产业和现代服务业的快速发展，对技术技能人才的需求量大增。职业教育必须紧跟产业发展趋势，及时调整专业设置和课程内容，培养符合市场需求的高技能人才。

城镇化带来了人口结构的变化。大量农村人口涌入城市，他们需要通过职业教育获得新的技能，以适应城市生活和就业需求。职业教育机构应为这部分人群提供多样化的培训项目，帮助他们适应从农村到城市的就业结构调整，提升其就业竞争力。

城镇化还促进了城市基础设施建设和公共服务的完善，这同样需要大量技术技能人才的支撑。职业教育应与城市建设紧密结合，培养出能够参与城市规划、建设、管理等领域的专业人才，为城市可持续发展提供人力支持。

（三）加快发展面向农村的职业教育

教育部新闻办 2012 年数据显示，职业教育为现代农业输送了近 500 万毕业生，另有报告显示，职业教育今后需要培养现代农业技术和产业化经营的一线实用人才；全面开展农村就业人员的职业技术培训，重点满足每年 800 万~1000 万农村转移劳动力转岗、转业的需求，满足农业就业人员学习现代农业技术和经营知识的需求。然而农村职业教育的发展还面临许多问题，主要表现在新农民、新农业、新农村建设方面。

当前我国培养新型职业农民还存在不少问题：投入严重不足，技能培训生源难找，培训和管理制度不健全。随着农村劳动力转移，农村老龄化现象严重，"谁来种地"的问题已经提上日程，因此必须培养新型职业农民，农业发展才能后继有人。

现代新型农民不能只会劳动，也要享受生活、懂得营销、有经济头脑，要让职业教育成为农民提高农产品附加值，改变身份和地位的支撑。为此，一是要完善新型职业农民培训教育体制。支持建立以农业广播电视学校等公益性教育培训机构为主体、各种社会化资源参与的"一主多元"新型职业农民教育培训体系，加大农民田间学校等模式推广力度，支持职业院校开展"校企合作、校站合作、校社合作"，探索依托农业大学、农业职业院校试点培养中、高级职业农民。二是探索建立新型职业农民认定管理制度。在完善现有绿色证书制度的基础上，建立新型职业农民资格认定制度，根据农民教育培训经历、生产经营规模、掌握技能水平等，科学设定认定条件和标准，明确获证与政策扶持相衔接，使新型职业农民享受贷款、保险、用地、社保等专项扶持政策。三是加大新型职业农民培育扶持。在农民培训方面，扩大阳光工程等项目规模，逐步建立农民免费职业技能培训制度。在专项扶持方面，加大对新型职业农民土地流转、金融信贷、农业基础设施建设、自主创业等政策扶持，以此提升县域经济发展的活力。

构建新农村职业教育体系，还要求通过培养新型职业农民，强化各级政府的统筹责任，健全县域职业教育培训网络，强化职业教育资源的统筹协调和综合利用，从根本上带动新农村、新农业的发展和进步，从根本上解决"三农"问题。

### （四）促进有民族特色的职业教育健康发展

民族地区职业教育有了很大发展，培养了一大批实用技能型人才，繁荣和发展了民族地区的经济。但由于受自然地理、社会历史和经济基础的制约，民族地区职业教育仍然是我国职业教育发展中的薄弱环节。民族地区落后的职业教育已经在很大程度上影响了民族地区经济的发展、人民生活的改善以及社会的和谐稳定。主要表现在：民族地区技能型人才缺失，更严重的是不少民族地区职业教育培养的技能人才大都流向发达地区。根据市场的需求一哄而上，往往容易导致专业设置不合理，没有根据本地区的文化特色和社会经济发展实际办学。毕业生的大量外流更直接造成了民族地区有限的教育资源流向发达地区，形成了贫富倒置的补偿效应。办学模式、专业设置等与地方经济社会发展不相适应，容易使这些地区的职业教育变成简单地向发达地区输出廉价的劳动力。针对上述问题应当建立符合民族特色的新型职业教育体系，以适应民族地区经济社会发展和人民生活的需要。

构建有特色的民族职业教育体系。民族特色职业教育是指民族地区的职业院校根据本地区社会经济发展状况，利用独特的传统文化优势，因地制宜、突出特色，设置专业培养人才，以促进民族地区经济发展战略的转变和社会的可持续发展。如云南省保山学院为传承和弘扬云南翡翠文化，根据地理位置优势和丰厚的民间玉雕基础，利用周边充足的毛料资源交易市场和加工市场等得天独厚的条件，秉承传统翡翠文化，抓住历史的机遇，创办了宝玉石鉴定与加工专业。发展民族特色职业教育可以有效解决人与自然共生的关系，特色职业教育不是为依靠过度开发资源的经济发展模式培养人才，而是为发展新型的劳动密集型产业培养人才，这种模式不是利用自然资源，而是利用人自身。其次，特色职业教育是在专业设置和教学内容上从传统文化中汲取营养，在尊重和保存传统文化的基础上发展教育，不是盲目追随发达地区的职业教育，而是与传统文化共生的民族教育，其独特优势是既发展了民族地区的经济，又保护和传承了民族传统文化。这应当是民族共生教育体系应有之意。

从教育融合的角度在民族地区义务教育后半段，在课程和教学活动中渗透和体现职业教育内容，各级政府要在制度供给和相应的师资、教育资源方面提供支持，不仅可以为升学无望的群体提供相应的职业教育和培训，同时也会提高义务教育巩固率，从而为当地培养大批优秀技能人才。

## 第二节　职业教育管理体制创新

管理体制创新是职业教育由规模发展向内涵发展转型的关键，是转变政府职能的必然要求。我国职业教育发展靠传统的行政管理方式和集中力量办大事的体制优势，很快建成了规模庞大的职业教育体系。但是，继续依靠这种管理体制已经无法满足市场经济条件下经济社会发展对人才的多样化要求，实现职业教育的转型发展。这种局面迫切需要通过管理体制创新，借助政府与社会的合力来共同推动职业教育有质量的发展。实现职业教育管理体制创新，就是要围绕如何处理好政府、职业院校与社会的关系，进一步明确政府定位，转变政府管理职能，提高政府对职业教育的有效治理能力，通过管理体制创新，实现由直接管理向间接管理转变，由原来的微观管理向宏观调控转变。

通过组建中央与地方政府统一领导的职业教育管理机构，提高政府的宏观调控能力；通过大力培育与支持行业协会的发展，进一步激发社会活力，使其有效发挥行业在职业教育中的管理能力；通过完善现代职业院校制度与确立企业参与职业教育主体地位，进一步提高职业教育发展活力，为提高职业教育治理能力的现代化水平提供制度基础。通过体制创新，我国职业教育管理体制将由原来政府单一主体的行政管理，向由政府、行业组织、职业院校、企业多主体参与的多中心的治理模式转变。

**一、以提高职业教育治理能力为中心，进一步转变政府管理职能**

近年来职业教育上升为国家发展战略，政府在职业教育上的财政投入与行政管理成本日益增加。如何用最少的投入和最有效的管理来发展职业教育，成为国家和各级政府关心的重要问题。十八届三中全会决定提出："科学的宏观调控，有效的政府治理，是发挥社会主义市场经济体制优势的内在要求。必须切实转变政府职能，深化行政体制改革，创新行政管理方式，增强政府公信力和执行力，建设法治政府和服务型政府。"①《国家中长期教育改革和发展规划纲要（2010—2020年）》也明确提出教育改革要以体制改革为重点。这就要求在职业教育管理中，以改革职业教育管理体制为突破口，改革的核心是教育机构职责权限制度的改革，外延是现代职业院校制度改革。要及时转变政府职能，变直接管理为间接管理，变微观管理为宏观管理，提高政府对职业教育事业发展的治理能力。这就要求在管理职业教育事业中，政府的角色主要定位在如何有效地在动员行业协会、企业、市场及个人的力量，参与到职业教育公共事业服务的提供上来，而不是过去政府一家单打独斗。

（一）建立由多个职能部门共同参与管理的职业教育宏观决策机构

为提高政府对职业教育宏观管理与统筹协调能力，在国家层面，需

---

① 李玉静 . 职业教育高质量发展的时代规定性 ［J］. 职业技术教育，2022（4）：1.

要政府提高对全国职业教育立法、规划与宏观政策协调的有效性，及时出台有关全国职业教育的基本政策，负责区域、功能区职业教育发展的规划与协调，制定区域职业教育发展政策，建立全国统一的职业资格框架等省（市）级政府不能提供的政策。地方政府对职业教育发展负主要责任，负责制定地方职业教育发展规划与基本政策，统筹地方职业教育发展。

由于相关职业教育校企合作政策的制定往往牵涉到劳动人事、经济、科技、工商、税务等多个部门的协调，并且在不同的行业之间还存在较大的差异性，同时还由于产业的变动性强要求对相关的职业教育政策做出动态的调整，因此职业教育综合管理部门亟须加强对资源的整合与统筹协调能力。目前大多数的发达国家和地区均建立了国务院直属的由劳动经济部门管理的职业教育管理机构。鉴于职业教育跨界特性和目前我国以教育部门为主、多部门联动的职业教育管理体制，统筹职业教育发展的能力不强，建议建立由国务院与地方政府直接领导，由经济与劳动部门联合为主的，分工合理、责权明晰的共同参与管理职业教育的宏观决策机构，进一步加强对职业教育的宏观调控能力。

为增强决策的实效性需要建立相应的议事规则和协商机制。各部门在落实重大事项决策的过程中，需要划分明晰的权力与责任边界。

（二）进一步简政放权，扩大学校办学自主权

为了实现政府职能的转变，提高政府治理能力，迫切需要规范各级政府与职业学校在治理中的权责边界，以利于建立各级政府在职业教育管理中的问责机制，以利于按照绩效评估结果对职业院校进行资助与有效激励，从而进一步激发学校发展活力，提高职业学校对社会多元需求的回应能力。

职业教育与其他类型教育相比，特别是与普通高等教育相比，具有更加鲜明的区域特征。这种地方性特点决定了发展职业教育的主要责任在地方。而在地方各级政府中，市（地）级政府又是关键。因此，要强化市（地）级政府的责任，建立市（地）统筹的职教管理体制。这

就要求凡是由地方政府管理更方便有效的事项一律下放地方政府管理，凡是由学校能自主决定的事项一律下放到学校。完善省级政府统筹高等职业教育、市（地）级政府统筹中等专业教育的体制。建立现代职业院校制度，完善职业院校内部治理结构。同时，督促基层和学校把权接住、管好，确保放而不乱。

社会管理是多元参与治理主体之一，应该成为政府职业教育管理决策的咨询机构，成为搭建起政府、企业、学校多元主体合作的平台和载体。

（三）建立多元主体共同参与治理的职业教育决策机制

谋求集权与分权相结合、政府与非政府相结合的行业、企业、学校等多元利益主体参与的多中心治理体系是政府科学决策的正确选择。引导企业、学校在自身利益基础上重视行业共同利益和负起应有的社会责任是行业协会建立、生存、发展的根本基础。通过多元主体的参与，不同的利益主体的声音都得到反映，构筑起多元化、多渠道、多层次的合作伙伴关系和网络组织，形成的职业教育公共决策才能符合复杂多样的社会实际。

**二、提升依法执业的自我管理能力，推动行业协会健康发展**

行业协会是针对企业和职业院校共同关心的公共事务而开展自我组织、自我服务、自我管理的自治组织，与政府保持一定的距离，依法独立、自主执业是其有效治理的前提和基础。行业协会由于有长期联系企业的优势，在管理行业职业教育中有专业性与灵活性。

行业协会能够发挥独特作用，解决政府在职业教育管理中难以妥善处理的问题，同时也能协助解决学校与企业自身难以独立对应的难题，从而实现社会自组织功能。行业协会熟悉行业人才质量需求，通过专业手段参与人才培养、专业建设、课程开发、企业参与职业教育资格认定等环节的管理，增强职业教育的质量和社会适应性。对职业教育这样一种跨界的教育组织，行业协会的作用发挥是一种不可忽视的资源配置机制、合作扩展机制和自主治理机制。通过行业协会与学校和企业的社会契约形式的管理，政府减少了直接管理的成本，也降低了监管的成本，因而政府治理的绩效大幅提高。

建立有效的职业教育治理体制，需要正确处理政府与行业协会的关系。充分发挥行业协会的职业教育管理职能，有利于政府从微观的管理中解脱出来，从而转向宏观管理，促进公共服务型政府职能的实现，使原来政府直接管理学校转变为政府通过行业协会而实现的间接管理。

（一）明确行业协会对职业教育管理的权责边界与组织功能

从目前我国行业协会参与职业教育管理的情况看，在国家层面，行业协会在参与管理职业资格证书、技能标准等方面发挥了重要作用，但是地方行业协会在参与职业教育的日常管理和联系企业与学校的合作上，还未发挥行业协会应有的作用。这主要还是与政府管得过于具体有关。

同时，我们也看到我国的行业协会还很不规范，表现在与政府的关系过于密切，功能政府化，责任边界不清晰，更多地从政府的角度发挥作用，没有充分发挥行业协会在组织企业方面的社会性，因此无法相对独立于政府，立足于企业与学校的利益。而有一些行业协会尽管相对独立于政府，但受法律条件、体制条件的限制，再加上自身发育不足，参与社会治理的空间有限。

鉴于以上情况，从提高政府对职业教育的治理能力的角度，迫切需要对行业协会管理职业教育的职责边界进行立法规范。只有行业协会的职责清晰，政府才能对行业协会参与职业教育的管理行为进行有效的监控，既发挥行业协会管理职业教育的积极功能，又能保证管理秩序活而不乱。

（二）支持一批行业协会优先发展，发挥示范引领作用

政府如何扶持行业协会对职业教育的管理，是当前职业教育管理体制创新的重要内涵。要从行业协会在职业教育领域发挥作用的现状出发，分类管理、分类施策。

行业协会职业教育管理的力量来自校企合作的需求，但是其健康发展的关键在于政府如何引导。政府需要鼓励支持与引导其健康发展。我们在调研中，发现行业协会在管理职业教育中的需求逐步得到企业与职业院校的信赖。上海市多数职业学校的专业和课程都有行业标准，行业职业教育功能逐步增强。宁波市的模具行业协会在组织职业院校与企业合作方面积累了经验，建立了行业模具实训基地，开展企业用人需求预测、岗位交流、设计比赛等多种校企合作形式，并建立了模具教育专业咨询委员会，定期开展行业技术标准制定、课程开发活动。

鉴于行业协会在职业教育管理中的现状，我们认为目前政府在立法规范行业协会发展的同时，迫切需要政府针对不同类型行业协会的运行现状，实行分类管理，尽快推动行业协会的规范与发展。首先，通过多种政策工具，包括税收优惠、资金投入、购买服务等手段优先支持一批企业自发形成运作比较规范的行业协会发展壮大，发挥示范引领作用。其次，对那些覆盖范围广、有发展潜力的行业协会，给予启动经费或优惠政策，让企业愿意加入进来，解决吸引力不足与参与动机不强的问题。再次，在产业发展条件好、职业院校比较集中的地区，扶持不具备职业教育管理条件的行业协会逐步发展其职业教育管理功能。最后，规范运行。对扶持和推动发展的行业协会在授予一定管理权限的同时，也要对其行为进行必要的规范。包括支持行业主管部门和行业协会在国家教育方针和政策指导下，开展本行业人才需求预测，制定教育培训规划，组织和指导行业职业教育与培训工作；参与制定本行业特有工种职业资格标准、职业技能鉴定和证书颁发工作；参与制定培训机构资质标准和从业人员资格标准；参与国家对职业院校的教育教学评估和相关管理工作。

### 三、激发职业院校发展活力，建立现代学校制度

教育有没有活力，关键要看学校有没有活力。《国家中长期教育改革和发展规划纲要（2010—2020年）》总结了我国教育事业发展的经验和存在的问题，要求探索建立符合学校特点的管理制度和配套政策，

克服行政化倾向,取消实际存在的行政级别和行政化管理模式。要求适应中国国情和时代要求,建立依法办学、自主管理、民主监督、社会参与的现代学校制度,构建政府、学校、社会之间的新型关系。要去除实际存在的高校行政化管理模式,政府首先需要调整的便是自身的定位,由无限政府变为有限政府,管理型政府变为服务型政府。通过立法,明确政府管理的权限和职责,明晰政府与学校权力与责任之间的边界。能否逐步去行政化,关键在于政府的决策与作为。

完善政府对职业院校的治理能力,迫切需要政府从职业院校组织特点出发,突破传统学校管理体制障碍,把职业教育改革作为教育改革的突破口,完善内部治理结构,破除实际存在的行政化束缚,率先在职业院校中建立现代职业院校制度。

完善内部治理结构。建立由行业专家与企业代表参加的学校董事会作为法人代表的开放的、多元主体参与的学校治理结构,董事会成员中院外人士的比例不得低于30%,以适应社会多元需求。这些院外人士以代表广大社会利益的名义对院校的长远发展进行指导,使院校避免远离社会的发展。同时,由于董事会成员不直接隶属于政府,因而保证了院校的相对独立性。

率先在职业院校去行政化。通过现代职业院校制度建设,真正破除实际存在的行政化对职业院校的束缚。去行政化的目的在于改变职业院校是政府的隶属机构的现状,只有尽快改变职业院校的这种行政化状态,才能在职业院校之间形成平等、开放、有序的竞争,这也是通过形成有效的市场调节机制激发职业院校发展活力的客观要求。

依法保障职业院校的办学自治权是职业院校得以生存与发展的重要条件。能够产生校际的竞争,并成为职业院校发展的巨大动力。能够充分调动办学的积极性和主动性,促进办学的特色与多样化,有利于满足社会各种不同的需求。①

---

① 孟凡华. 赓续 2021,展望 2022:职业教育迈向高质量发展新征程 [J]. 职业技术教育,2022(6):22-26.

**四、调动行业企业的积极性，确立企业在职业教育中的主体地位**

目前，我国企业参与职业教育的积极性普遍不高，主要问题在于企业参与办学的主体地位在相关法律中没有明确体现，企业办学同公办院校不能处于同等地位。同公办院校相比，企业办学在教师编制、教师待遇、经费资助、学费标准上存在明显差距。为了提高政府对职业教育的治理能力，迫切需要明确企业参与职业教育的主体地位，并进一步规范企业在职业教育与培训中的权责。

明确企业是参与职业教育的主体地位至关重要。企业作为多方参与职业教育发展的主体之一，必须进一步明确自身在职业教育发展中的主体地位。没有企业的积极参与，不可能办好职业教育。

进一步规范企业在职业教育与培训中的权责。企业办学具有天然的校企合作优势，发展企业办学可以促进产教融合与校企合作。企业办学可以使企业直接参与到职业院校的专业建设、学生顶岗实习和专业教师的培养中来，能够及时将产业技术标准转化为岗位技能标准，融入课程体系，及时实现专业课程与职业标准的对接，从而全面提高教育教学质量。

因此，首先需要在新修订的职业教育法中明确企业参与职业教育的主体地位，并在企业参与职业教育的相关政策上做到与公办院校一视同仁。其次制定企业参与办学的实施细则，增强企业参与办学的可行性，为有效促进企业参与职业教育提供制度保障。

## 第三节　职业教育运行机制创新

职业教育的运行机制创新就是要提升职业教育治理能力，实现职业教育治理能力现代化。职业教育治理体系现代化就是要适应时代特点，提升政府依法按照制度治理职业教育的本领，把各方面制度优势转化为管理职业教育的能力和水平。

## 一、规划引导机制

提升职业教育治理能力的核心是转变政府职能。作为职业教育管理的主体教育行政部门，对职业教育进行科学管理的主要手段是制订职业教育发展规划，通过规划引导全国和各地的职业教育健康发展，通过规划将政府直接管理改变为间接管理和宏观战略管理，从而实现政府职业教育管理方式的机制创新。

（一）规划须明确政府管理事项，明晰政府权力边界，避免政府管理的缺位、越位和错位

职业教育规划要具有战略性、指导性等特点，它所规定的内容是方向性的、引导性的。规划规定的内容还要有科学的论证，对于属于政府责任范畴的内容不能缺，对于不属于政府责任范畴的内容则不能涉及。

职业教育规划须明确政府权力清单的内容，厘清政府责任的边界，避免政府对职业教育管理的缺位、越位和错位。所谓职业教育政府权力清单，就是指政府立足于经济社会和职业教育的现实和发展趋势，塑造一种合适的制度框架，用清单的形式来明确政府职权和职业院校自主办学的空间，使政府和职业院校对彼此未来行为产生稳定的预期，进而对它们的行为形成约束或激励的作用，从而达到对政府对职业教育有效治理的目的。清单管理可分为正面清单模式和负面清单模式。职业教育规划针对政府的正面清单是指政府在管理职业教育中可自由行动的领域或事项，以清单的形式清晰地列出来，清单之外的所有领域或情况则是禁止或受限制的，这体现了"法无授权不可为"的法治精神，也可以通俗地说，就是把政府关进"制度笼子"里面，限制它的自由行动空间。针对政府权力的负面清单是指，把政府在管理职业教育中受禁止或受限制的行动领域或情况以清单的形式清晰地列出来。

对于政府在职业教育发展中必须做的事项列入正面清单，政府在职业教育治理中，要做好利益的协调者以及资源的整合者，为职业教育治

理搭建服务平台，创造良好制度环境，做到总揽全局，协调各方。保障职业院校基本的办学条件是政府的责任。尽管目前我国职业教育发展取得了很大成绩，但是职业学校办学条件达标情况存在严重问题，尤其是中等职业学校办学条件总体较差。面向各地普遍提出基本实现教育现代化的战略目标，要敦促各级政府努力改善职业学校基本办学条件。规划在正面清单中就应该列出诸如保障职业院校基本办学条件等内容，而对于职业院校的具体办学行为，则要给予充分的自主权，比如，专业的设置、课程的建设等政府不应该干预过多。职业教育规划要把上述这些政府不能做的，即禁止或限制的项目列在负面清单中。

（二）监测、评估规划的落实情况，优化职业教育规划执行过程

目前我国存在注重职业教育规划的制订而轻视教育规划的落实、修正等问题，对职业教育规划落实缺乏有效的监测与评估，这一缺失已严重影响到职业教育规划在职业教育发展中的引导作用。因此，新时期职业教育改革与发展应加强对职业教育规划执行的监测与评估。

职业教育规划执行的监测与评估是纠正规划执行偏差、实现科学决策的迫切需要，是实现由传统经验决策向科学决策转变的必要手段。要实现科学决策，就必须使决策建立在完整、准确的信息基础之上，职业教育规划执行的监测与评估可利用一切可行的技术手段收集相关信息、掌握一手政策运行数据，为政府的教育决策活动提供基础性保障。职业教育规划执行过程难免存在一定程度的偏差，执行偏差存在的原因是多方面的，如执行者的认识水平、价值取向、个人及其所代表的利益等。执行偏差使得规划在执行过程中存在被误解、曲解、滥用、消极抵制的现象。教育规划执行的监测与评估则是对教育规划执行情况进行监控和修正最有效的工具。由于职业教育规划执行的监测与评估，能够描述职业教育规划执行情况与职业教育发展之间的关系，因而成为获取职业教育规划执行情况的首要信息来源。因而，加大对职业教育规划执行的监测与评估，密切关注职业教育规划的实施过程，搜集相关的资料和信息，并以此为基础，对规划执行情况进行科学的分析和论证，及时纠正

规划执行过程中的偏差，不仅可以在一定程度上继续完善职业教育规划执行的过程，而且还可以更好地达成职业教育规划目标。

（三）建立规划战略目标和重点任务的动态调整机制

在规划的实施过程中，要随着职业教育的实际发展情况和规划的实施情况调整战略目标。规划制订时提出的战略目标，有的时候会提前实现，有的时候会出现种种困难导致目标难以实现，因而在规划实施过程中，要建立规划战略目标和重点任务的动态调整机制。

## 二、信息发布机制

目前，我国部分地区技能人才的短缺和整体质量偏低已经严重制约了产业结构升级和企业竞争力的提高，影响了工业化的水平和进程，行业企业都渴求招到合适的技术技能人才，却不知应该到哪所学校哪个专业去招；而职业院校在培养人才方面，却不了解行业企业的对技能人才的需求规模、专业选择和质量要求等，从而不知道技能人才培养的规格和方向；同样地，职业院校的学生也不了解社会的需求，不了解自己所学专业的就业前景，从而不能确定自己努力的方向。上述情况说明虽然零零碎碎的技能人才供求信息到处可得，但是由于信息不对称，使得技能人才供求几乎处于盲目、无序状态。为了促进职业教育有序、健康发展，政府有责任建立技术、技能人才供求预测和职业院校毕业生就业质量信息发布机制，为社会提供全面、准确的技术、技能人才供求预测信息和职业院校毕业生就业质量信息，引导职业院校根据劳动力市场的需求和社会经济发展对职业教育的要求来设置专业、组织教学，使职业院校的人才培养规格与社会需求接轨。

（一）分级建立技术、技能人才供求信息发布和动态管理平台

国家层面建立的技能人才供求和就业信息发布平台要根据全国的产业结构和各行业发展状况，对全国技能人才的总需求和分行业、分职业岗位对技能人才的需求做出预测。根据各主体功能区的产业布局，对几大主要的主体功能区（长三角、京津冀、珠三角等）的分行业、分职

业岗位对技能人才的需求做出预测。国家层面的平台要根据全国的职业教育发展规模对总的和分专业的技能人才供给做出预测。省、地市层面建立的技能人才供求信息平台要根据本地的经济社会发展水平和产业布局结构，对分行业技能人才的数量和类型结构、层次结构做出预测，根据本地职业教育的布局对分专业的技能人才供给的规模、层次结构做出预测。

国家和各地在产业改造升级、战略性新兴产业培育、现代服务业发展规划中，要科学预测产业发展对技术技能人才的需求，并在相应层级的技能人才供求信息平台发布，使技能人才培养做到超前培养和储备，从而使产业结构调整和职业教育人才培养结构调整保持同步。无论是哪个层级的信息平台都要定期（每年度）更新、动态管理，保持信息发布的及时和有效，为职业教育的发展提供强有力的信息支撑。

（二）规范、引导社会专业机构发布信息，确保信息的权威和可靠

对于社会机构发布的技术、技能人才供求预测信息，政府部门要进行规范和引导。社会机构发布的技术、技能人才供求预测信息，是对政府发布信息的有益补充，为了使信息保持客观、公正，对职业教育发展起到正确的导向作用，政府应该对此类信息加以规范和引导。

### 三、专业设置动态调整、预警、退出机制

要办好职业教育，不能仅靠政府及教育部门主导推进，还必须把和职业教育相关的利益主体的积极性充分调动起来，并赋予承担技术、技能人才培养工作的职业院校办学自主权。

发挥职业院校的办学自主权，就要改变之前政府在职业教育各环节扮演全能化的控制角色，处理好政、校关系，实现政府宏观管理，学校自主办学。坚决落实简政放权，减少不必要的行政审批和干预，减少对学校微观事务的管理，赋予职业院校充分的办学自主权，包括课程选择、专业设置等方面的权力。职业院校要根据市场需要和学校自身办学条件，进一步优化专业结构，提升办学能力。

职业教育的专业设置和专业结构调整是影响职业教育发展和毕业生就业质量的重要因素。近年来，职业院校的就业质量偏低，原因固然是多方面的，但是职业院校毕业生所学专业技能与就业岗位匹配度不高，职业院校专业设置结构和区域产业结构、经济结构匹配度不高是其中重要的原因。

（一）形成面向市场，与区域发展、产业升级相适应的专业结构动态调整机制

职业院校专业的设置要面向市场，面向区域经济发展状况，不要盲目跟风。职业院校设置一个专业，应该对区域经济社会发展需求、办学定位、院校的培养能力以及专业发展前景进行深入研究。

职业院校专业设置和调整要有适度的"超前意识"。要实现这一点，必须重视对本地区或更大范围经济发展和产业结构变化的分析。对产业结构性调整和新兴行业、职业的出现，要进行较为全面的前瞻性预测，以适应社会发展和时代变化。以新能源、新材料、新技术与互联网的创新、融合为标志的第三次工业革命对职业教育带来了巨大挑战，职业院校要超前部署战略性新兴产业所需专业的设置和人才培养工作。

职业院校专业设置和调整既要立足当地，看到本地区的人才需求，也要考虑技能人才的流动性，在更大范围内考虑人才需求的变动。处在长三角、京津冀、珠三角等主体功能区内的职业院校，除了为当地经济建设和社会发展服务之外，办学也要面向所处的主体功能区的产业布局，在主动适应劳动力市场变化的过程中，把握好发展的方向和机遇。此外，根据产业结构调整的方向和要求，职业院校应根据产业的发展前景主动做出调整。对社会认同度不高、产业发展萎缩、社会需求量明显下降、毕业生就业率较低且布点较多的专业要实行退出机制。

（二）建立并完善就业状况对专业结构调整的反馈机制

职业教育是面向就业市场的教育，对于职业院校人才培养结果评价很重要的指标之一就是毕业生的就业状况，职业院校要根据毕业生的市

场适应程度调整学科专业和课程。①

在建立人才培养质量反馈机制的过程中，要加强与用人单位建立友好合作关系，定期走访用人单位人力资源部门，调查用人单位对毕业生的使用情况和对学校人才培养质量的意见和建议，搜集毕业生的薪酬、就业质量、就业适应性、稳定性、专业匹配度等数据进行分析，将分析结果反馈给学校各学科专业，以促进学校调整专业、改进教学，使职业院校的学科专业结构、人才培养模式与社会、行业企业对技能人才的要求相适应。

### 四、激励校企深度融合的机制

职业院校的人才培养目标决定了校企合作是其发展的必要手段，目前校企融合因种种原因尚处于发展的初级阶段，职业院校普遍意识到校企合作对学校发展和人才培养的重要性，开展校企合作的热情很高，校企合作形式也比较多。但传统校企合作模式依靠行政命令或人情交往得以维系，这种合作模式不符合市场经济规律，没有建立院校和企业的平等地位和互赢关系，难以调动企业参与合作的积极性和主动性，合作层次普遍不够深入，也不能持续，远未形成长期良性合作的模式和机制。

在市场经济环境下，职业教育的校企合作面临新的情况，需要学校、企业会同政府创新符合经济发展规律的新机制。德国校企合作之所以成功，其主要运行机制是基于学校与企业之间的利益机制，而不是源于政府的激励或约束机制。虽然我国各地政府通过激励机制刺激企业的参与积极性，但是持续时间都不长，根本原因是没有增强企业参与职业教育的内在动力。在市场经济体制之下，校企合作行为应主要依靠市场来调节。

---

① 推动现代职业教育高质量发展论坛在京举办［J］．西部素质教育，2021（24）：46-51.

市场机制主导的校企合作模式是校企双方在平等自愿、互惠互利的基础上，以市场和社会需求为导向，采取市场机制运作，按照市场规律办事，体现市场机制优势的一种合作的模式，建立一个可持续发展的校企合作的良性循环机制，实现教育资源的优化整合。

（一）加快校企合作立法

目前，我国关于校企合作的法规、优惠政策、鼓励措施尚不健全，校企合作没有可以依照的法规和实施细则。校企合作不仅是学校与企业的合作、教学与生产实践的合作，也是一种技术技能与市场经济行为相结合的合作。国家不仅要在政策上鼓励和引导企业积极参与技能人才培养，而且更应通过立法的形式，明确学校与企业在培养技术、技能人才方面的权利和义务，将校企合作纳入国家法律保障体系之内。实践证明，税收减免政策是激励企业参与职业教育办学的有效举措之一。为推进职业教育校企合作的良性发展，中央政府和部分地方政府相继出台了一系列税收优惠等政策，但总体上此方面的政策仍存在可操作性不强、吸引力不大等多方面不足。因而，国家和地方政府应通过立法明确企业在深度参与校企合作中税收等方面的优惠，以保障参与校企合作的企业的经济利益，增强校企合作对企业的吸引力。

此外，可建立由政府和社会提供多方资金来源的基金，通过立法明确规定基金用于奖励、支持行业企业参与职业教育人才培养和基础能力建设。

（二）支持职业院校与行业企业合作开发职后技能培训项目，打造有市场竞争力的培训品牌

随着我国经济转型和产业结构升级，人力资源素质不高、文化技能结构低下、人力资本积累不足已经成为经济发展的主要制约因素，因而加大技能培训力度成为政府、企业的关键任务，这对职业院校既是挑战也是机遇。职业院校面对挑战应及时把握机遇，积极为社会和企业开展职业技能培训。学校作为企业培训的主要提供者，拥有丰富的技能培训资源和完备的办学场所，具有一定的办学资源优势。在培训市场竞争日

益激烈的情况下，要做好充分的市场调研，与行业企业建立良好客户关系和合作关系，分析企业培训的真正需求，与行业企业的技术骨干共同开发培训包，将企业的新技术及时补充到培训包中去，为企业提供最适切的技能培训服务。通过与企业合作，学校可利用自身资源优势为企业提供技能培训服务，打造专项技能培训品牌，发挥职业院校的技能培训功能，拓展办学空间，培育新的发展增长点。

对于外来务工人员职业技能培训，各地政府通过"教育采购"政策促进职业教育培训的市场化。政府可根据行业企业需求及行业技能专家的建议，制订培训计划，面向所有的职业院校和教育培训机构招标，只有质量高、成本低，并且培训适应经济发展需要的学校才能中标，与政府签订"教育培训采购协议"，内容包括培训技能内容、培训人数、培训目标等，在达到培训目标的前提下，按照培训人数和培训效果等向学校支付培训经费，这种市场运作的机制可以引导职业技能培训市场发展，促进职业院校相互竞争，实现"优胜劣汰"，提高职业院校提升自身技能培训竞争力和发展的内在驱动力。

（三）建设校企合作的股份制生产性实训基地，面向社会开放，实现资源共享、互利双赢

职业教育离不开实训基地的建设，目前的实训基地建设中存在诸多问题和困难。一是资金投入成本高，工科类、医学类、农业类等专业建一个实训基地需要较高的投入，一台国产的数控机床需要几十万元，而且运行成本也很高，机电、电力、通信等实训设备的使用损耗较高，发生故障的维修费用也较高，职业院校在建设这种高投入高运行成本的实训基地时面临巨大的资金压力。二是区域内同类实训基地重复建设，资源严重浪费，目前大部分职业院校建实训基地一般都是独立建设、独立使用，缺乏共享性和开放性，导致同一区域内同类专业实训基地重复建设，造成资源浪费。三是实训设备没有发挥应有价值，实训设备如果仅用于实践性教学，而不用于生产、培训和科研，那么就没有充分发挥实训设备的价值。四是实训设备更新速度跟不上产业升级、技术更新，随

着产业转型升级，实训设备改造和升级更新都需要增加新的投入，而职业院校自建的实训基地由于资金、使用周期等原因不可能及时更新。为了解决上述这些问题，职业院校可以采取和企业共同入股建立生产型实训基地，基地采用公司化运作方式，面向社会开放，实现盈利，解决实训基地建设中的资金短缺问题。

校企通过共建的形式建立生产型实训室、实训车间，双方共享设备资源，进行市场化运作，把学生教学实践和生产融于一体，使得专业教学紧密地对接产业。把学生放在真实的生产环境中，由企业的专门技术人员作为实践老师指导，从而使学生技能得到提升，在指导学生实践的同时，企业技术人员在学生的学习实践中也完成了自己的生产任务，在这个过程中，学生的实践材料可以作为产品生产成本，不会额外增加学校和企业的经济负担，实践的产出就是产品，可以直接进入市场，这种生产性实训基地可以同时完成院校实践教学与企业生产双重任务，达到互利双赢。

建设生产型实训基地可以采用市场化股份制运作，建设之初就要明晰产权，学校和企业投入的有形资产和无形资产都要通过权威的评估确定产权份额。一般地说，为了确保实训基地首先服务于实践教学需要，学校要对实训基地达到基本控股。生产型实训基地是为了服务于工学结合的教学改革，在工学结合的条件下，实践技能的培养应该以生产过程的规律为主导来设计教学过程，教学过程也要满足生产的要求，要按照生产和市场变化的要求来设计教学过程。生产型实训基地既要保证生产过程的顺利进行，使合作企业获得合理的经济效益，又要保证学生在真实的生产环境中技能得到提升，完成实践教学任务。只有这两个目标都达到了，才能使生产型实训基地持久运行。此外，要充分发挥股份制生产型实训基地的综合功能，如基地的新技术研发、社会技术服务和技能培训等功能，把生产型实训基地建设成全方位开放的基地，成为地区经济发展的亮点，为企业和职业院校的深度合作发展创造良好的外部环境。

（四）为职业教育集团建立法制化的契约制度，明确各成员责任

近年来，各地职教集团数量和规模得到长足的发展，但是作用并没有得到充分发挥。大多数职教集团只是一个松散型组织，成员单位原有的各自法人资格及人、财、物隶属关系不变。在实践过程中，很多松散型职教集团仅是形式上的联合，难以开展实质性的业务合作活动，职教集团内部校企合作陷入停滞不前的状态。究其原因，一方面，职教集团的组织章程不具有法律效力，对成员不能形成实质性的约束力；另一方面，职教集团不能作为独立实体进行交流和合作，因而职教集团的形成并没有促进校企合作的持续发展。要促进职教集团发挥在校企合作中的实质性作用，当务之急是职教集团要建立法制化的契约制度，对职教集团成员起到真正的约束作用，明确集团成员的责、权、利，使得集团成员单位的职业院校校长和企业的 CEO 实现交流互聘，企业的技术骨干和职业院校的教师实现双向流动，使得职教集团内部校企真正融合。

## 五、多方参与的多元评价机制

由于职业教育的特点，对职业教育的评价，要建立多方参与、多样化的职业教育评价体系，发挥行业企业的评价主体作用，把行业标准和职业岗位要求作为职业教育质量评价的重要依据，并合理采用国家相关资格认证标准。

当前推进职业教育质量监测评价体系建设的首要任务是科学界定各自职能，处理好政府、学校、教育质量监测评估机构在职业教育质量监测评价组织体系中的地位和相互关系。

（一）建立多样化、多元的职业教育评价体系，发挥行业企业评价主体作用

要建立多样化、多元的职业教育评价体系。因为职业教育的发展，需要多样化的评价，比如，教育行政部门的督导评估、学校根据学校的发展规划进行的自我评估，政府和院校根据需要邀请专业评估机构进行的第三方评估。此外，由于职业教育的评价主体是多方参与、多元构成

的，除了教育行政部门、职教专家、社会人士外，要充分发挥行业企业的评价主体作用。

（二）职业院校着力于自我监测评估和自主调控机制建立，成为面向社会自主办学的法人实体

作为办学主体，职业院校建立办学质量监控和内部质量监测评估机制，奠定了职业院校自主办学的基础。

职业院校依据学校发展规划，制定学校办学过程和质量自我评估标准。职业院校依据国家和地方职业教育质量监测评价的基本标准，依据本校技能人才培养方案，建立与学校规划和人才培养方案相适应的学校自我质量监测评估运行体系和制度。建立自我质量监测评估机制，可使职业院校在规划实施过程中能不断改进，及时调控自身办学行为，使职业院校主体能动性得到充分发挥。[①]

（三）职业教育质量监测评估机构提供专业性、公正的质量监测评价服务，发挥第三方专业评估机构的作用

可将现有的政府部门对职业教育的系列评价，从政府部门中分离出来，建立中立性质的第三方专业评估机构，使"评"在与"管"和"办"的互动中，保持相对独立性。质量监测评估应当由专门的机构来实施保证评估的专业性，鼓励专门机构和社会中介机构对职业院校的办学水平和质量进行评估，建立科学、规范的评估制度。职业教育质量监测评估机构是具有独立法人地位的独立机构，专门从事质量监测评估业务，具有足以支持其机构权威的专业资质。在组织实施质量监测评估活动过程中，质量监测评估机构因其独立性和专业性，为职业教育提供了科学、权威、客观、公正的质量监测评估服务。

职业教育质量监测评估机构通过政府部门支持和授权等方式，按照有关职教法规、职教发展规划纲要和教育部年度工作要点等，相对独立地开展相关职业教育的评价工作。在组织实施和参与多种类型评价工作

① 国家出台政策推动现代职业教育高质量发展［J］.广东交通职业技术学院学报，2022
（1）：77-83.

的过程中，职业教育监测评估机构积极发挥对政府、职业院校及社会的导向、诊断、预警、评价、信息发布、对策建议、决策咨询以及评估结果开发利用等方面的作用，接受评估的政府和职业院校根据评价结果及对策建议实施整改，推动职业教育质量的提高。

（四）与国际高水平教育评价机构合作，逐步采用国际认证标准

目前，我国仅从宏观的政策层面对国际教育评估进行引导，而对如何开展国际评估工作还没有具体的实施细则。因此，政府应制订规范的国际评估规程，包括评估规章、评估指标体系以及评估运行机制等，要加强相关制度建设，加大政策扶持力度，确保国际评估的权威性、科学性和公正性，且形成国际评估常态机制，以评促建，从而促进我国职业教育质量稳步提升。

近年来，我国已有职业院校将国际评估这种方式和手段引入学科、专业和院系的考核评估工作中，将国际评估视为促进院校专业发展的重要举措，作为院校的机制创新工作来开展。但是，对绝大多数的职业院校来说，如果没有国际评估的相关知识、经验的积累和借鉴，国际职业教育评估将会是一项新课题、新挑战。因此，要加强探索，掌握国际评估的相关知识，加深对国际评估本质的认识，树立国际评估的新理念，增强对国际标准和国际理念的重要性认识，在重要产业领域先行先试，率先引进一批国际公认的职业资格认证机构，积极参加国内外资格证书"双认证"。

（五）发布评价结果，建立公共问责机制

职业教育评价要重视评价结果的运用，定期发布职业教育评价结果，运用评价结果，对职业教育质量进行动态的、科学的分析，深入研究技能人才成长规律，为改进职业教育教学、完善政策措施提供科学依据。

为提高职业教育评估工作效果，必须建立问责机制。各地要建立行之有效的问责机制，将职业教育评估结果作为考核、问责和实施奖惩的重要依据。强化限期整改，评估活动结束后，要求职业院校对存在的问

题进行限期整改，对整改情况要进行复查，必要时可对职业院校主要负责人进行约谈，确保每次评估都行之有效，而不流于形式。要使职业教育评估成为推动职业教育改革发展的有力手段。

## 第四节　职业教育保障机制创新

构建职业教育保障机制是促进职业教育可持续发展的重要基础。职业教育保障机制创新的重点主要包括教育质量保障机制、教师队伍建设机制和宏观环境支持机制三个方面。

### 一、教育质量保障机制

《国家中长期教育改革和发展规划纲要（2010—2020 年）》提出了教育改革发展的核心任务是提高质量，制定了教育质量国家标准，建立了教育质量保障体系。职业教育质量保障最为核心的是课程，具体表现为课程内容和教学质量。世界发达国家都建立了政府、行业和学校相互认可并以职业能力培养为核心的职业教育标准体系。而目前我国还没有真正意义上处于实践操作层面上的职业教育质量保障机制。围绕课程内容与教学质量的保障建立相应的机制，加强职业教育与行业企业的联系，以培养主动适应区域经济社会发展需要，培养数量充足、结构合理的高素质技术技能型人才具有十分重要的意义。

（一）组建由多方利益主体参与的国家职业教育课程标准委员会，改革专业课程体系

课程质量是职业院校教学质量的核心，也是衡量职业院校办学质量和市场应变能力的主要指标。在职业教育专业课程的设计中，最为核心的是如何将课程内容与产业界职业需求和岗位标准密切地联系起来，加强与行业的紧密协作，把掌握知识和技能、发展能力、培养良好的职业道德和个性心理品质等各类目标有机地结合起来，为行业提供高素质劳

动者。

目前，国内的职业教育课程设计中仍然是政府在起着主导作用，行业企业在职业教育方面发挥的作用有限，企业参与学校的方式缺乏长效机制，不利于行业企业参与学校课程的设计开发，职业教育的课程内容与市场需求存在脱节。因此，为保证职业教育课程质量，应当组建由多方利益主体构成的国家职业教育课程标准委员会机构，构建行业企业参与学校课程开发的平台，改革职业教育的专业课程体系。

委员会的成员构成应当突出行业企业具有职业教育发言权的特点，除了政府的相关部门代表（如教育部、工业和信息化部、水利部、农业农村部、科学技术部等）、学校代表外，还要包括行业代表和有参与职业教育资质的企业代表，其中行业和企业代表的成员数量应当占到1/2 以上。行业和企业人士都应当是相关行业实践经验丰富、专业技能和理论功底较深的知名专家，他们能够协助政府提供最新的相关岗位能力要求及近期就业信息，指导院校和培训机构的课程设置与教学计划。

委员会的成员之间相互分工与合作，加强了职业教育与外部经济界的联系。行业和企业代表对本行业人员的素质要求体会最深刻、最具体，是技能需求情况的最好判断者，因此，由他们制定的职业教育技能标准与培养方案，是作为学校进行课程设计、开发和更新的重要依据。学校代表在制定具体课程标准时就要考虑这些技能领域，依据行业企业代表的意见和建议，将其落实到课程计划中去，并获得委员会成员的认可。此外，职业教育技能标准是随着产业结构调整和技术升级而不断更新和再评估的一个螺旋上升的过程，行业企业代表要及时更新技能标准的要求，以便学校在教学实践中可据此来改变课程内容、设置新的课程和新的项目，从而使得职业教育的课程更适应当前及未来企业行业发展的需要。政府部门代表首先负责协调组织，对课程标准进行最后的审定认证。其次是提供服务支持，如对于国际先进课程的评价和引进，对职业教育的优秀课程、教材信息化资源实行国家购买制度。

国家职业教育课程标准委员会，可以使教育界与企业界的合作形成良性循环，行业直接参与课程设置与教学内容的确定，保证了课程内容与产业界职业需求、岗位标准挂钩，使求职者经过培训能主动适应劳动力市场的需求。

（二）推行职业资格认证与专业学历教育相结合的制度，构建双证融通的课程体系

目前，我国职业教育证书体系包括学历证书与职业资格证书两种类型，学历教育由教育部负责，职业资格证书由人力资源和社会保障部颁发。由于职业学历教育和职业资格认证分属于职业院校和劳动部门，不同的管理体制使两种证书教育成为独立的教育体系，无法形成协同发展的合力。尤其是考核具有两种标准，不仅给学生的学习带来一定的压力，而且容易出现学历职业教育与职业资格证书教育以及劳动就业培训不能有效衔接的现象，既不利于普通教育与职业教育的沟通，也不利于高技能人才的培养。

职业资格证书制度是国家劳动就业的一项重要制度，是国家层面的人力资源开发体系的重要支柱，它适应了受教育者的需要，搭建了技能人才的成长通道，促进了职业教育的发展，还起到了检验职业教育培训质量的作用。与专业学历教育不同，职业资格是一种综合能力的体现，职业资格与职业岗位的具体要求结合密切，能更直接、更准确地反映特定职业实际工作的技术标准和操作规范。两个体系各有偏重且相互独立，都不能单独承担起培养技能型人才的责任，必须在两者之间探寻一种有效沟通的模式和运行机制，建立起一种专业学位教育与职业资格培训相互贯通的教育模式，充分结合两者的优势，对职业教育和培训进行改革与创新。[①]

因此，应当推行职业资格认证与专业学历教育相结合的制度，构建双证融通的课程体系。将职业教育与相应的证书培训结合，对职业资格证书内容与学历证书内容进行整合，为培养既有学历证书又有职业资格

---

① 谢维和. 增强适应性，推进职业教育治理体系现代化 [J]. 广东技术师范大学学报，2022（1）：33-37.

证书的高技能人才和高素质劳动者奠定基础，也使得职业教育同时突出学历性和职业性。具体操作可以参照国家职业资格标准对应的专业，将国家职业资格标准作为教学计划制订的重要依据，将国家职业技能鉴定内容融合进专业课程设置，即开发"双证制"课程。"双证制"课程教学的优势在于可以加强院校与企业的沟通与联系，从企业获得来自一线的生产信息、技术信息与需求信息，院校根据信息及实际需要灵活调整专业与课程设置，使教学计划与职业标准相适应，做到既符合高职教育教学大纲的要求，又能涵盖职业技能鉴定的内容与标准，实现学历教育与职业标准的衔接，调节理论与实践教学比例，丰富教学模式，以满足就业对人才规格的需要。

真正做到以职业资格标准作为导向，制订与职业资格标准相衔接的教学方案，培养适应社会发展和市场需求相应的人才，整合和优化教育资源配置。中等职业学校和高职院校要加强与国家职业资格认证管理机构及行业企业合作，积极在国家职业资格认证管理机构的有关组织中发挥作用，共同开发专业课程教学与制定职业资格认证的标准，改革教学内容，把"职业标准"融合到"课程标准"中去，把职业资格培训引入专业课的教学中去。坚持对学生实行"双证或多证"的毕业标准，积极探讨建立"职业资格标准"学分与"学校专业课程"学分互认相互沟通的新型机制。

（三）规范职业技能培训、鉴定机构，建立职业培训质量的保障机制

职业培训是职业教育体系中的重要方面之一，它面向全体劳动者，提高从业能力和职业素质，承担着完成农村劳动力转移、农村实用人才、城镇职工就业和再就业培训等各类职业培训任务。适应市场需求的多样化职业培训有利于形成结构合理、类型多样、相互贯通、功能完善的职业教育培养格局和人才成长"立交桥"。

目前，国内的职业培训尚不发达，主要是由政府主导的职业学校进行，缺乏社会培训机构的身影，且存在诸多的困难。我国企业在参与职业教育和培训在职职工的积极性均未得到充分发挥，这与我国企业所处

的市场环境和经济发展阶段密切相关。一是我国的市场经济机制还不够完善，资源配置尚未完全由市场来决定，激励企业投入职业教育的动力明显不足。二是我国企业尤其是国有企业的现行评价制度导致短期行为，不利于企业从长远角度考虑人力资源问题，阻碍了校企之间的深度合作。三是我国的企业制度中尽管有了相关职业培训的责任，但是相关的配套措施尚未健全，对企业在人才培养上的社会责任没有充分体现。因此，应当开放培训市场，建立教育培训机构资质标准、从业人员资格和专业发展标准、学习内容标准、学习成果评价标准等规范。

首先，制定职业教育培训机构资质标准和从业人员资格标准，用以规范和约束职业教育机构的注册和运行。这些标准可以包括遵守职业教育法规、财务管理制度、行政管理制度以及从业人员所具备的学历和职业资格证书，定期接受技能鉴定等。此外，还应该规范培训机构的专业课程内容标准，保障培训机构的办学质量。培训机构只有满足了这些标准，才能够获得认可，并进行培训活动。

其次，对培训机构办学质量进行评估。培训机构在第一次申请注册时要接受办学条件和资格的评估，办学一年以上的，每年进行一次自评，每五年接受一次办学质量的水平评估，评估内容由政府相关机构确定，该评估工作可以是全面检查，也可以是局部抽查（包括某一专业类别或某一类资格证书）或通过审核注册培训机构上报的书面材料进行评估。通过办学质量的评估，政府相关机构有权决定培训机构能否继续注册和继续办学。

通过发展更多的社会职业培训机构，规范职业技能培训、鉴定机构，建立职业培训质量的保障机制，为公民提供高质量多样化的职业技能培训，满足外部劳动世界的不同需求，提高公民劳动技能素质，为社会输送高素质人才。

（四）加强教育专项督导评估，发挥行业企业的评价主体作用

职业教育质量直接关系到劳动力的综合职业素质的提高和国际竞争力的增强，建立科学有效的教育督导评估体系，对保障职业教育的质

量，培养经济发展所需的技术型、技能型的人才起着十分关键的作用。职业教育与普通教育有很大的不同，其市场意识更强。因此，在职业教育的督导工作中，应当更加强调行业企业的评价作用，以使得职业教育更能适应市场的需求，反映市场的变化。

因此，应当在国家层面成立专业的督导机构，发挥行业企业的评价主体作用，完善职业教育质量评价制度，定期开展职业院校办学水平和专业教学情况评估，实施职业教育质量年度报告制度。该教育督导机构应当是独立于教育部门的专业的评估机构，使评估更加客观公正，评估结果更具权威性和影响力。该督导组织成员由行业企业和政府等多方利益相关者共同组成，行业和企业代表应该占到成员总数的一半以上。由行业企业代表制定具体的评价标准和评价指标，并且每年对职业院校的人才培养质量进行定期评估，确保专业设置、课程开发都能保证质量，与行业的需要相吻合，同时要经常进行行业雇主对职业教育和培训的满意程度的调查，提供对职业院校教育教学的看法和建议。对职业院校的教学质量进行评价，实施职业教育专项督导的"一票否决"制。通过将职业教育专项督导作为提高职业教育办学质量的科学管理手段，督促政府及其教育行政部门履行职责，转变职能，办好每所职业学校；督促指导职业学校贯彻执行有关职业教育的方针政策和法律法规，遵循职业教育规律，深化教育教学改革，使职业教育发挥同普通教育同等重要的培养人才的功能。

### 二、教师队伍建设机制

高水平的职业教育师资队伍是高质量教育水平的有力保障。目前，国家已颁布了《中等职业学校教师专业标准（试行）》，根据《国家中长期教育改革和发展规划纲要（2010—2020 年）》的要求，提出建立符合职业教育特点的教师资格制度和职务（职称）评审办法，严把"双师型"教师入口关，切实保障具有教育教学能力和技术技能水平高的人才能够进入职业院校从教。高水平的职业教育师资队伍要从源头开始抓起，具体包括完善的师资培养培训体系、严格的教师资格准入制度，同时还需要特别加快双师结构专业教学团队建设，聘任（聘用）一批具有行业影响力的专家作为专业带头人，一批企业专业人才和能工巧匠作为兼职教师，使专业建设紧跟产业发展，学生实践能力培养符合职业岗位要求。

（一）完善职业教育专业教师培养培训体系，建立职业教育专业教师准入机制

职业教育是培养经济发展所需要的各类专业技术人才的主要机构，在经济建设中扮演着重要的角色。与学历教育相比，职业教育更强调教育过程中的实务导向，教师作为职业教育中教学计划设计与执行的关键人员，自身也应具备良好的专业实务能力。但是目前我国职业教育很难真正做到学以致用，无法凸显职业教育的内涵，部分学生毕业后就业能力较差，无法适应实务工作的需要。多数教师缺乏实际工作经验，其教学能力和实务技能尚需得到进一步的提升。

近年来，我国各级政府采取各种措施加强职业教育师资队伍建设，各地先后成立了多个国家级和省级的职业教育师资培训基地和师资专业技能培训示范单位，为各类职教教师提供岗前培训、在职提升和高级研修等培训项目，初步形成体系健全的职业教育师资培训体系框架。课题组在调研的实践中，也了解到多地虽十分重视对职业教育教师的培训工作，但是职业教育教师培训的标准、内容和方式仍有待进一步完善。因此，应当完善职业教育专业教师培养培训体系，建立职业教育专业教师准入机制。

首先，制定职业院校教师资格标准，要建立符合职业教育特点的教师培养、培训体系。职业教育院校应对师资培养培训体系进行必要的革新，探索新的教学模式，根据职教教师应具备的能力要求，分阶段、有计划地培养他们的专业理论知识、专业操作技能与教学技能。同时，教育部门应针对职业教育的特点，进一步完善现有的教师资格认定制度，科学设定职业教育教师资格认定条件，以突出职业教育教师自身的特点。

其次，建立职业教育教师评聘的合理机制，改革专业教师聘用制度，拓宽行业企业技术技能人才进入职业教育的渠道，建立相关标准制度。职业院校则应制定兼任教师相关政策和管理办法，建立兼任教师科学合理的工作量考评和薪酬补助机制，以吸引更多优秀的业界专家。聘请业界资深专家担任兼职教师，与本校专任教师共同授课，不仅可以使学生更直观地了解企事业单位的业务运作情况，也可以使本校专任教师在与业界资深专家互动的过程中增加他们对业界的了解，随时把握业界的发展现状和未来的发展趋势，提升专任教师的实务能力。专兼职相结合的职业教育师资队伍，较好地解决了因专业转换所导致的职业教育专业教师的不足。并且专任职业教育教师和兼职职业教育教师因各自所具有的优势和不足，可以互相交流，取长补短，有利于职业教育师资队伍整体水平的提高。

最后，严格建立职业教育教师准入机制。职业院校规范教师的准入资格，规定教师需要有专业学历、教师资格和相关专业工作经历，熟悉企业生产流程。

（二）制定"双师型"教师职务和岗位标准，完善"双师型"教师培养机制

"双师型"教师政策是国家在特定阶段解决职业教育技能型教师短缺问题而制订的方案，其宗旨在于优化教师队伍素质结构，提升职业教育质量。1995年，原国家教委《关于建设示范性职业大学工作的通知》的官方文件第一次正式使用"双师型"表述，该通知在关于"申请试点建设示范性职业大学的基本条件"中提出：要有"一支专兼职结合、结构合理、素质较高的师资队伍"；"专业课教师和实习指导教师具有一定的专业实践能力，其中1/3以上的达到'双师型'"教师。随着社会经济发展对职业教育提出更高的要求，院校对"双师型"教师的需求更为迫切。

第一，制定"双师型"教师职务和岗位标准，改革教师管理制度。政府应建立和规范"双师型"教师的资格和评价的基本要求和标准，

对不同层次、不同专业类别的"双师型"教师应提出不同要求，比如，学历要求、所在专业的实践工作经历、实践能力水平、应用技能水平或培训要求，以保证职业教育的教师水平和职业教育的质量。建立职业院校教师与企业工程技术人员、高技能人才的双向聘用机制，完善"双师型"评价标准和体系，提高"双师型"教师岗位待遇，引导专业教师积极加入"双师型"教师行列。这样，既有了考试制度等方面的改革和人才成长通道的贯通，又有了优秀师资做保障，解决职业教育目前存在的"断头路"问题，或许为期不远。其次是改革教师管理制度，开通职业教育急需专业教师引进的"绿色通道"，落实"政府定编、自主聘用、动态管理"的教师管理办法，从高校引进优秀毕业生、吸引行业企业技术骨干和能工巧匠到职业院校任教。

第二，建立"双师型"教师培养的校企合作伙伴关系，完善"双师型"教师培养机制。由政府、学校、企业三方共同参与合作培养"双师型"教师，建立契约关系，共通合作，互惠互利。首先是政府制定参与职业教育企业的条件和标准，遴选一批具有相应资质的企业；同时出台相关政策法规和可行的措施，落实企业承担教师培训的具体责任，并提供优惠的税收政策和补贴政策，促进企业参与合作培养。其次是职业院校和企业自愿建立合作伙伴关系，企业为职业院校教师提供培养培训机会，职业院校则为企业员工培训提供相应支持，通过建立健全职业院校与企业共同培养专业教师的新模式，促进职业院校与企业的密切合作，实现二者的优势互补和共同发展。

（三）改变评价标准，构建体现职业教育特点的教师评价制度

职业教育教师评价是一项十分严肃与慎重的工作，直接涉及广大教师的切身利益，影响到教师积极性与创造性的发挥。科学与准确的评价是对教师工作价值、贡献、能力、素养等的全面肯定与认可，可以增强团队凝聚力，激发办学活力，减少矛盾，维护校园稳定，促进学院长远的可持续发展，充分调动高校教师的教学积极性，从而促进职业教育质量的提高。

与普通教育相比较，职业教育侧重于实践技能和实际工作能力的培养，因此，在评价标准上也应有别于普通教育。因此，应当改变目前对教师的评价标准，构建体现职业教育特点的教师评价制度。

首先，教师评价的内容应当具有针对性，体现职业教育的特殊性。职业教育人才培养应当突出行业性、职业性和实践性。教师评价标准中要突出实践教学的特殊性，因为职业院校的主要任务是教会学生够用的理论、实用的技能。全面、准确、发展地对高职教师做出评价，才能激发高职教师的工作热情，提高教学质量。其次，教师评价的结果不应是终结性的，应用发展的眼光看待教师的教学水平。评价制度不仅是对教师过去工作表现和已经具备的素质的评价，更应引导教师的未来的发展，重视提高教师的教学水平。

通过改革现有的教师评价标准，加强对教师实践教学能力评价，促进教师提升职业能力素质，适应行业和产业经济发展的需要，不断吸收新的专业技术知识，提升教学水平。通过改革现有的教师评价标准，引导教师积极参与校企合作，鼓励学校的学术型教师为企业提供技术服务，解决企业亟须解决的技术问题。搭建学校教师与企业专业技术人员的合作平台，鼓励双方的合作与交流，共同解决技术难题，提升科研成果的转化效率。①

### 三、宏观环境支持机制

良好的宏观环境是发展现代职业教育的保障。由于我国职业教育的"弱势"地位，"崇尚一技之长、不唯学历凭能力"的社会氛围尚未形成，职业教育的战略地位一直难以落实。未来，为实现"发展环境更加优化"的重要目标任务，至少需要从"提升地位""提高质量""强化落实"三个维度，引导形成帮助和支持职业教育发展的宏观环境。

---

① 徐航. 培育大国工匠 厚植职业教育沃土 [J]. 中国人大，2022（9）：46-49.

（一）加强就业准入制度执行，通过公平竞争形成与技能资格相配套的报酬分配体系，提升一线劳动者地位

就业准入，是指根据《中华人民共和国劳动法》和《职业教育法》的有关规定，从事技术复杂、通用性广、涉及国家财产、人民生命安全和消费者利益的职业（工种）的劳动者，必须经过培训，并取得职业资格证书后，方可就业上岗。就业准入制度是规范劳动者入职教育与培训，确定职业资格证书运用的一种就业制度。通过就业准入制度的执行，可以提高劳动者自身的技能水平，规范劳动力市场，优化劳动力配置。

课题组在国内的调研中发现，多地反映企业用人不规范，就业准入制度不完善，执行不严格，人们呼吁完善就业准入制度，加强劳动监察，规范用工行为的呼声十分强烈。然而现实的问题是，持有职业证书的毕业生在就业市场上并没有体现出增强就业竞争力的价值，甚至遭到冷遇。其根本原因在于我国职业资格证书的含金量不高，职业资格证书在社会上的认可程度低。所以，完善就业准入制度的前提仍然是提高职业资格证书的权威，在此基础上政府必须执行严格的就业准入制度和持证优先就业政策，促使市场行为规范。

因此应当加强就业准入制度的执行，完善区域内的劳动力市场，使其步入法治化、规范化的道路，成为区域内各种类型、各种层次人才就业的公平竞争的场所，形成与技能资格相配套的报酬分配体系。通过这一措施，一方面，促使学校推进双证书制度的教育，提高职业资格证书质量；另一方面，运用市场机制对职业资格证书优胜劣汰，即唯有品质高、实用性强的职业资格证书才能获得市场认可，持有者以此获得较高的报酬。职业资格证书制度作为就业准入制度的核心内容，将使得职业教育的分类体系和职业标准体系逐渐形成，从而才可能改变长期以来职业教育发展缺乏鲜明特色的缺陷，使得职业教育教学与市场就业需求紧密结合起来。

通过严格实施就业准入制度能够引导职业教育教学适应劳动力市场

的需求及变化。因为就业准入制度是根据劳动力市场的用人需求、各种职业岗位对从业者职业知识和技能的现实要求而形成的，它直接反映了劳动生产领域对从业者素质的要求及变化。

（二）构建信息化平台，发挥教育信息化支撑和引领职业教育现代化的作用，提高教育教学质量

职业教育的发展要适应社会经济发展的需要，必须获得充足、准确的供给与需求信息。然而要把握准确的信息并不容易，欧美等发达国家孕育了数量众多且运作成熟的社会组织，比如，行业协会以及其他从事信息收集整理分析的 NGO 组织，其院校和政府机构也十分重视信息的采集分析与发布。因而无论是人才需求方还是供给方，都能获得充足有价值的信息。国内目前在职业教育信息的收集整理与分析等方面仍落后于发达国家，因此需要依托信息化平台，更好地把握入口、出口与中间过程等各环节，发挥教育信息化支撑和引领职业教育现代化的作用，提高教育教学质量。

建立技术技能人才需求发布制度。通过构建集数据采集、质量监控、管理、统计分析与反馈应用为一体的人才培养质量保障平台，发布技术技能人才需求，建立专业预警机制。信息化平台的建设将会进一步引导职业教育教学适应劳动力市场的需求及变化，使得职业教育教学与市场就业需求紧密结合起来。

建立教学过程精细化管理机制。依托信息化，促进职业院校全面、实时掌握人才培养的过程信息；教务处及相关部门对专业人才培养方案的实施与过程进行有效控制；专业负责人通过对同类专业课程体系和建设成效的对比，促进教育教学改革，提高人才培养质量。学校通过"数据挖掘"技术，可以获得一幅关于院校专业运行的完整图景，实现专业内涵建设的精细化管理。

建立毕业生质量跟踪反馈机制，促使校方与企业合作，了解企业需求。第三方组织对职业院校毕业生的就业评价，主要评价毕业生符合企业需求的程度，可以从毕业生在企业的收入增长、岗位晋升、企业对毕

业生的知识结构和实际技能的满意度等方面来衡量学校培养企业所需要人才的匹配度，以此机制促进学校关注企业不断变化的人才需求，促进校企合作。

# 第六章

# 职业教育质量评价与保障

职业教育质量评价与保障理论需要在明晰职业教育质量评价理论维度的基础上，建立职业教育质量评价理论的分析框架，在与职业教育质量评价实践不断互动中优化完善，进而建立职业教育质量评价的理论体系。首先，对职业教育、质量及评价概念进行界定，确定职业教育质量评价研究的层次、范畴，确定职业教育质量评价实践的问题域，在此基础上阐明职业教育质量评价的理论维度。为此，需分析职业教育的需求主体、需求内容、需求标准，进而明确职业教育的价值。同时，将理论的视角指向职业教育的本质、特征及表现，清晰职业教育本身的内涵、外延及本质特性。再将职业教育由静态到动态，条分缕析出职业教育的起点、过程、结果。其次，针对职业教育价值、本质、内涵等，综合质量管理理论和评价理论，分析职业教育质量的内涵、特征。最后，对职业教育质量评价的目的、功能、范围、过程、标准、内容、方法等进行有机整合、系统构建、优化迭代及机制创新。

## 第一节　职业教育质量评价与保障概论

职业教育、质量评价、质量保障等概念十分重要，但由于这些术语使用很广泛，目前对其定义尚未形成一致意见。有的定义是针对整个领域的，如质量保障（内部和外部）和质量评价，有的定义与具体的方法有关（评估、认证），有的定义则与不同参与者的职责及关注的不同领域相关。

## 一、职业教育

### （一）职业教育的界定

目前，"职业教育"的定义并不完全统一。《简明教育》的定义是"给予学生从事某种职业或生产劳动所需要的知识和技能的教育"。《教育大辞典》将其定义为"传授某种职业或生产劳动知识和技能的教育"，含义有两个，一是"仅指培养技术工人类的职业技能教育"，二是"泛指为谋取或保持职业或为增进从业者的知识、技能、态度而进行的教育和训练，不仅包括技能性，还包括技术性的"。《国际教育辞典》的定义是："职业教育是指在学校内或学校外为提高职业教育熟练程度而进行的全部活动，它包括学徒培训、校内指导、课程培训、现场培训和全员再培训。当今则包括职业定向、特殊技能培训和就业安置等内容。"《简明教育》和《教育大辞典》都界定了两点：一是职业教育面向某种职业或生产劳动所需的内容；二是职业教育教授内容包括知识和技能等各方面。《教育大辞典》和《国际教育辞典》则从更加具体的职业教育目的和形式两方面对职业教育进行了界定。①

我国《现代职业教育体系建设规划（2014—2020年）》（以下简称《规划》）要求"按照终身教育的理念，形成服务需求、开放融合、纵向流动、双向沟通的现代职业教育的体系框架和总体布局"。《规划》将职业教育分为初等、中等和高等3个大层次5个小层次。其中，初等职业教育是指各类职业院校、培训机构和用人单位内部开展的实用技术技能培训，使学习者获得基本的工作和生活技能；中等职业教育是为初、高中毕业生开展的基础性知识、技术和技能教育，培养技能人才；

---

① 冉云芳. 以产教融合命运共同体赋能职业教育高质量发展［J］. 职教通讯，2022（5）.

高等职业教育则分为专科、本科、研究生3个层次，应用型本科层次的职业教育与其他普通本科学校具有平等地位，研究生层次的职业教育是以提升职业能力为导向的专业学位研究生培养。

《规划》除了对职业教育层次进行划分外，还要求职业教育终身一体，包括职业辅导教育、职业继续教育和劳动者终身学习。职业辅导教育是指普通教育学校为在校生和未升学毕业生提供多种形式的职业发展辅导，职业院校和普通教育学校开展以职业道德、职业发展、就业准备、创业指导等为主要内容的就业教育和服务。职业继续教育是指各类职业院校通过多种教育形式为所有劳动者提供终身学习机会，企事业单位举办职工教育，社会培训机构依法自主开展职业培训和承接政府组织的职业培训。劳动者终身学习指针对劳动者在职业发展的不同阶段的需求，开展多层次多种方式的职业教育和培训，督促学习者为未来职业发展而学习。《规划》指出现代职业教育体系的办学主体包括政府办学、企业办学和社会办学，包括全日制职业教育与非全日制职业教育，包括学历职业教育与非学历职业教育。

总体来看，当前国内外普遍采用"大职业教育观"来界定职业教育，认为职业教育已经从过去单纯指职前教育，转变为技术教育与培训，包括职前教育、职前技术培训、在职培训、就业培训和转岗培训等，体现了终身教育的理念。

（二）我国现代职业教育

《中华人民共和国教育法》规定："教育必须为社会主义现代化建设服务，必须与生产劳动相结合，培养德智体全面发展的社会主义事业的建设者和接班人。"1996年颁布的《中华人民共和国职业教育法》规定："实施职业教育必须贯彻国家教育方针，对受教育者进行思想政治教育和职业道德教育，传授职业知识，培养职业技能，进行职业指导，全面提高受教育者的素质。"近年来，教育部政策法规司、教育部职业教育与成人教育司启动了《中华人民共和国职业教育法》的修订工作，在修订草案中提出："职业教育必须贯彻国家教育方针，坚持面向人人，面向全社会，对受教育者进行思想政治教育、法制教育、职业道德教育和职业生涯规划教育，传授职业知识和职业技能，进行职业指导，全面提高受教育者素质，培养与社会主义现代化建设要求相适应的高素质劳动者和技能型应用型人才。"2014 年，国务院颁布的《关于加快发展现代职业教育的决定》（国发〔2014〕19 号）规定了职业教育的基本任务是"培养数以亿计的高素质劳动者和技术技能人才"。教育部等六部门关于印发《现代职业教育体系建设规划（2014—2020 年）》的通知（教发〔2014〕6 号）规定："现代职业教育是服务经济社会发展需要，面向经济社会发展和生产服务一线，培养高素质劳动者和技术技能人才并促进全体劳动者可持续职业发展的教育类型。"

马克思认为，教育与生产劳动相结合才能实现人的全面发展。这也恰恰体现了职业教育的本质。职业教育的典型特征在于教育与生产实践的紧密结合，结合的过程充分体现了人的发展的基本规律。职业教育培养目标应以促进学生的全面发展为立足点，将人的发展、社会的发展和经济的发展等方面的因素进行综合考虑。我国现代职业教育就是面向经济社会发展和生产服务一线，培养与现代生产力发展水平及劳动力市场需求相适应、以某种职业资格为核心、全面发展的高素质劳动者和技术技能人才的职业教育。培养技术技能人才的主要原因是：一方面，社会劳动分工产生了对从业技术技能层次的要求；另一方面，人的发展需求导致对自身技术技能水平的要求。所以，职业教育培养的技术技能人才有着不同水平的区别，各层次的差异体现在经验型和策略型技术技能上。

在我国职业教育体系的整体框架下，中等职业教育更侧重于培养经验型技术技能人才，要求学生掌握"怎么做"的技能，同时适当培养一定的策略型技术技能，掌握适当的知识和"如何做得更好"的技能，以促进更好地掌握经验型技术技能。通过在工作过程中与具体实践的"量"的接触，培养学生主要学习"怎么做"的技能，根据不同专业学习相应的生产技术技能。这是"功能性"的学习，遵循从新手到熟手的职业成长规律。

对于专科层次职业教育培养的技术技能人才，经验型技术技能和策略型技术技能并重，既要掌握"怎么做"，又要掌握"如何做得更好"的相关技能。经验和知识能够促进操作或服务有更高质量，而操作或服务又能够促进对经验和知识的理解。在经验型技术技能的基础之上，强调伴随着工作过程复杂程度的提高而增加策略型技术技能的学习，对已有经验进行"质"的接触。学生进行"方案性"的学习，对工作的适应能力明显提升，遵循从熟手到高手的职业成长规律。定位表现出高层次性，强调培养应用型、管理型和高级技术技能人才。

对于本科层次职业教育，应用型本科教育以经验型技术技能学习为基础，以策略型技术技能学习为主，在掌握"怎么做"的同时，更要掌握"如何做得更好"的相关技能。"怎么做"是基础，"如何做得更好"是目的。在经验型技术技能的基础之上，强调伴随着工作过程复杂程度的大幅度提高而增加策略型技术技能的学习，对已有经验进行"质"的分析。学生通过"设计性"的学习，遵循从高手到专家的职业成长规律。从发展规律讲，学生只有在"感知过的事物、思考过的问题、体验过的情感、操作过的动作"的基础上，解决了"怎么做"的技术技能，才有可能在"目标和条件与行动链接起来的规则"的基础上解决"如何做得更好"的技术技能。这对于中等职业教育、专科层次职业教育、应用型本科教育，既是职业对教育提出的要求，也是学生职业成长规律所决定的一个过程。

## 二、质量与教育质量

### （一）质量

社会各界对"质量"概念的认识和界定非常多，代表性的概念界定有以下几种。

休哈特（Shewhart）从主观和客观两方面定义质量，他认为质量存在客观和主观的两个侧面：客观一面是指产品可测量的物理特性，它独立存在于人们的感觉之外，从控制观点看必须建立量化的标准；主观一面是指人们对产品的感受、体验之类的判断，困难在于它既与产品的物理特性紧密相连，又与个人需求的人性因素相关，所以要尽可能把消费者这种需求转化成产品的特性。①

克劳斯比（Crosby）从符合性方面定义质量。他指出，错误的假设是质量意味着"优良""精美""闪闪发光"或"引人注目"。质量常用于表达某些产品的相对价值，如优质或劣质。他认为质量应该是"符合要求"。"要求"必须被明确地表达，确保它们不会被误解，然后应该不停地加以测量，以确保符合这些要求，凡有不符合的地方，就表明缺乏质量。这样，质量问题就转换成是否有不符合要求的问题。由此质量变得清晰可见，从而能被明确界限。②

菲根堡姆（Feigenbaum）从满足顾客的期望方面定义质量。他指出质量是由顾客测定的，而不是由工程师、市场或者高层管理者测定的。它是建立在顾客对产品或服务的实际感受的基础上，根据顾客的要求进行测量，并且提出在竞争市场上变动的目标，这种要求可能已经表达或者还没有表达，是有意识的或者完全是凭感觉的，是技术操作层的或者完全是主观臆想的。产品和服务的质量是在市场营销、工程、制造、维护各个方面综合的特性，要通过各个方面的使用来满足顾客的期望。③

戴明从多个评判元定义质量。他认为定义质量的困难在于要把顾客未来的需求转化为可测量的特性，以便于产品能被设计出来，再转化为顾客愿意支付并能接受的商品，且该产品能使顾客满意。什么是质量？谁是质量的评判人？对生产线上的工人来说，当他能为自己的工作感到骄傲，他就产生质量。对企业的经理意味着，他必须生产规定数量的产

---

① 卢丽华. 现代职业教育背景下高职院校学生职业生涯规划的现状及发展路径 [J].
人才资源开发，2022（11）：41-46.

② 卢丽华. 现代职业教育背景下高职院校学生职业生涯规划的现状及发展路径 [J].
人才资源开发，2022（11）：41-46.

③ 卢丽华. 现代职业教育背景下高职院校学生职业生涯规划的现状及发展路径 [J].
人才资源开发，2022（11）：41-46.

品并且要满足规范，他的工作是持续改进过程和持续改进领导方法。戴明的定义从"规范""过程""经营"和"持续改进"来认识质量，强调过程和持续改进的质量管理基本理念。[①]

刘源张从生产者和消费者两个角度，从符合性、适用性和价值性方面定义质量。符合性是指符合可持续发展的要求；适用性不仅指对用户的适用程度，而且包括对环境的友好程度；价值性不仅是产品价值与使用价值的一致性，而且更进一步注意创造的产品价值与损耗的社会价值的比较。刘源张强调质量的本质问题是变动性，其变动的原因主要来自生产者、消费者等多个方面，要把质量与可持续发展联系，从更多的评判元和更大的社会、自然环境系统中认识质量。[②]

（二）教育质量

国外学者将教育质量划分为以下几种：（1）作为卓越的质量（quality as excellence）。该学术观点强调提供的产品或服务应当与众不同、特色鲜明和高标准，努力成为最好。（2）作为零缺陷的质量（quality as zero errors）。该观点强调把质量与预定规格和标准的一致性作为依据，依此使不同类型的院校可以设定不同的质量标准。（3）作为对目的适切的质量（quality as fitness for purpose）。定义特殊目的的质量，必须详细准确。不同层次和类型的学校的质量应当依据不同的标准来制定。（4）作为转化的质量（quality as transformation）。这种观点将重点放在学生方面，教育系统越完善，越能高效地实现办学目标，越能够使学生在工作、生活和知识社会中拥有专业的技术、知识和态度。（5）作为限定的质量（quality as threshold）。这种定义把质量界定为学校能否满足雇主规定的和潜在的需要。（6）作为物有所值的质量（quality as value for money）。这种定义把教育产生的社会价值量的多少作为评判质量的关

---

① 卢丽华. 现代职业教育背景下高职院校学生职业生涯规划的现状及发展路径［J］. 人才资源开发，2022（11）：41-46.
② 卢丽华. 现代职业教育背景下高职院校学生职业生涯规划的现状及发展路径［J］. 人才资源开发，2022（11）：41-46.

键。(7) 作为提高的质量（quality as enhancement or improvement）。这种观点强调持续改进，认为不同的利益群体或利益关系人关注教育质量的重点不同。

国内学者有关教育质量的界定得出以下结论。首先，教育质量是一个多维的概念，包括与教育相关的诸多方面，如课程与教学、教师与学生、建筑与设施、仪器与设备等与教育相关的所有功能与活动。其次，教育质量是一个多层次的概念，涵盖学习者终其一生所接受的正规和非正规的不同层级、不同类型的教育和培训活动。最后，各教育利益相关者对教育目的有不同的期许，因此对教育质量的理解和侧重点存在明显差异。不管对教育质量的理解存在多少种可能，从教育教学的实践来看，对教育质量衡量的核心在于特定类型、特定手段教育目标的实现程度，最终的落脚点在于学生的全面发展。

### 三、质量评价与质量保障

#### （一）质量评价

教育评价是根据一定的教育价值观或教育目标，运用可行的科学手段，通过系统地收集信息资料和分析整理，对教育活动、教育过程和教育结果进行价值判断，为提高教育质量和教育决策提供依据的过程。教育评价包括三个基本要素：谁来评、评什么、如何评。教育质量评价则是根据教育质量目标的要求，运用评价标准（质量标准）对教育过程进行评价，判断教育目标实现的程度，以期达到促进教育质量提高的目的。

职业教育质量评价涉及职业教育内涵及特性、质量管理活动、评价本质及特征三方面。职业教育本质上仍然是培养人的社会活动，其本质是教育过程；质量是人主动对自身活动的反思，其本质是一种管理手段；评价从本质上来说就是价值判断。职业教育质量评价实质是对职业教育育人活动的反思及其价值判断。因此，职业教育理论、质量管理理论、评价理论构成职业教育质量评价的三大理论来源。职业教育理论来源主要包括人的全面发展理论、隐性知识理论、哲学认识论、多元智能理论、心理学理论、建构主义学习理论等。质量管理理论来源主要包括涂尔干社会分工论、社会分层理论、社会资本和文化资本理论、舒尔茨人力资本理论（劳动经济学劳动力市场供求理论）、边际成本理论、涌现性理论、全面质量管理理论等。评价理论来源主要包括价值哲学理论、博弈理论等。这三大理论共同构成职业教育质量评价的理论基础。

（二）质量保障

"质量保障"和"质量保证"二者在使用中频率基本相当。"质量保障"包括：第一，组织中的所有成员都对保持产品或服务的质量负责。第二，组织中的所有成员都对提高产品或服务的质量负责。第三，组织中的所有成员都能理解、使用并感受到质量得以保持和提高的质量体系的存在，管理部门、消费者或用户定期检查质量系统的合理性和可行性。"质量保证"包括：第一，企业中所有成员都对产品（服务）质量负有责任。第二，企业每一成员都应了解并能运用质量维持和强化系统以确保产品的质量。第三，管理者、消费者以及有关人士定期检查质量保证系统的有效性和可靠性。由此可见，二者的内涵、实质基本一致。

联合国教科文组织欧洲高等教育中心（CEPES）认为，质量保障是对高等教育体系、院校或专业项目进行的持续评估进程。作为一项监管机制，质量保障既重视问责也重视改进提高，会按照确立的标准，通过一种公认的、具有持续一致性的过程，来提供信息和做出判断，并非排名。国际高等教育质量保障机构网络组织（INQAAHE）认为，质量保障可能与一个项目、机构或整个高等教育体系相关。质量保障是指这样的态度、目标和程序，通过它们的存在和使用以及质量控制活动来确保适当的标准在每个项目上都得到维持和强化。

通过以上对关键概念的研究，可以看出对此领域概念界定和分类时所面临的困难。这种困难在借鉴国际经验时显得尤为突出，因为目前各个国家或地区对这些概念的使用是很混乱的，所以说追求概念上完全统一是没有意义的。

本研究使用"质量保障",旨在关注保持和改进教育质量,并为教育利益关系人提供质量证明和担保的所有政策与过程。教育质量保障分为内部质量保障和外部质量保障。内部质量保障,即出于监控和改进教育质量目的而开展的校内实践;外部质量保障,即学校之间或学校上级部门为保障院校和专业质量而采取的办法。

## 第二节 职业教育质量的理论方向

### 一、理论依据

职业教育需求的理论依据主要是社会学理论,尤其是涂尔干社会分工论、社会分层理论等。职业教育的基础,其理论依据主要是哲学理论,尤其是波拉尼隐性知识理论和哲学认识论。职业教育特性的主要理论依据是经济学和人才学,尤其是经济学中的人力资本理论和人才学中对人才的类型划分理论,对职业教育来说就是技术应用型人才的含义及特征。职业教育过程的理论依据主要是教育学理论,具体来说就是技术技能人才成长规律——马克思人的全面发展理论,包括人才成长过程,学生发展规律、教育教学活动与人才成长,学生自身素质、自身反思批判能力发展与人才成长,环境对人才成长的作用等理论。

### 二、质量管理

在概念界定的基础上,从哲学、管理学、社会学等不同的学科层面分析质量的本质、质量的来源、质量的要素、质量的生成过程、质量的影响因素,尤其是针对职业教育领域,分析质量的共性与特性、质量的范围与对象、质量的不变与变化、质量的需求、质量的关注点、质量的意义和价值、质量如何分配与分布、质量的认识进展、质量的提升、质量的监控、质量的认证、质量文化建设等具体内容。进而关注管理理论、质量管理理论，包括管理理论的流派、观点、立场、视角、进展、维度、矛盾、优缺点，以及理论框架、逻辑主线、主要内容、方法体系、形成过程、实现途径、立论依据、论证解释等。在理论基础上面向质量管理实践，涉及质量管理目标，质量管理过程，质量管理的内容、方法、要素等。面向质量管理的实践，分析中外教育质量管理的经验和做法以及我国职业教育质量管理的问题、趋势、难点、障碍、途径等。

### 三、评价理论

职业教育是职业教育质量评价理论的对象，质量管理方法论是职业教育质量保障理论的前提，评价理论则是职业教育质量评价理论的落脚点和依据。评价理论是解决理论与实践、现实与未来、供给与需求、方法与过程、程序与价值、可能与潜能、对象与内容、观点与体系、要素与逻辑、行动与成效等一系列二元分立之间的"立交桥"，使之实现由冲突到和谐、由对立到统一、由二元到一元到多元、由不可能到可能、由困难到简单、由问题到结果、由矛盾到共识、由理想到现实、由消极到积极、由心理到哲学、由点到面到体系等的过程、步骤、方法、途径等。评价理论关注的内容主要有以下几方面，包括什么是评价、评价的本质、评价的对象、评价的目的与功能、层次与范围、主体与对象、基准参照物与标准、内容与项目、方法与模式、现状与特征等。

## 第三节　职业教育质量的理论基础

### 一、哲学基础

价值哲学理论为分析职业教育价值、价值观、质量观等提供了理论前提。世界分为三个领域：事实的领域、普遍规律的领域和价值的领域。哲学是关于世界观的理论体系，世界观是关于整个世界的根本观点，哲学的发展经历了从本体论、认识论、实践论向价值论的转向。任何一种客观事物都存在着两个维度：一是客观事物从它自身来说是一种客观存在，是一种客观事实。二是客观事物之间又相互联系、相互作用，产生一定效应，特别是对人产生一定效应，即有一定价值。价值是客体对主体的效应或意义，是因人而异的存在，价值的本质是客体主体化，客体对主体的效应价值的本质在于使主体发展完善，从根本上说在于能够使社会主体发展完善，使人类社会更美好。客体主体化指客体从客观对象的存在形式转化为主体生命结构的因素或主体本质力量的因素，客体失去对象化的形式，变成主体的一部分。客体和外界事物的形态、属性、规律等经由人的实践活动拓宽了人的视野，发展了人的智慧，增长了人的才干，丰富了人的情感，磨炼了人的意志，从而转化为个体的素质和能力。①

马克思主义价值哲学认为，价值是客体与主体之间的一种特定关系，价值来源于客体，取决于主体，产生于实践；价值由物质价值、精神价值和人的价值组成，物质价值的生产是人的价值形成的基础，教育是扩展人的价值的直接手段。因此价值不仅具有实践性，同时也具有主观性和客观性，是主观性与客观性的统一，统一于价值的实践性。价值的主观性是指价值从本质上说是主观的，价值作为主客之间的关系，这种关系需要人的主观去认识和把握；价值的客观性是指任何价值都是一定客体对主体的效应，这种效应是客观存在的，即价值是客观存在的，否则人与人之间就无法理解价值和评价价值。价值取向作为价值哲学的重要范畴，指的是一定主体基于自身的价值观，在面对或处理各种矛盾、冲突、关系时所持的基本价值立场、价值态度以及所表现出来的基本价值取向。

价值论为理解职业教育提供了新的视角，对分析职业教育价值、职业教育价值观与质量观、职业教育质量观价值取向统一等具有重要意义。

---

① 王丽峰. 数字化背景下中小教育机构 ZK 公司发展战略研究 ［D］. 北京：北京建筑大学，2021.

教育的本质是培养人，教育通过人才培养对教育自身发展、对社会和个体发展具有重要的规范价值，职业教育通过技术技能人才培养活动对个体及社会价值观的规范，促进个体价值观的形成和社会价值观的改造，丰富了人才观、知识观和能力观的内涵。职业教育通过技术技能人才的培养，肯定了人才的社会地位，发展了社会的人才观；职业教育强调隐性知识的价值，扩展了人的认识领域，丰富了人类的知识观；职业教育尊重动作智能类型的价值，为不同智能类型组合见长的人提供了全面发展的机会，重新诠释了能力观。职业教育对道德的规范价值。是指职业教育在发展过程中形成的道德及其对主体活动的规范价值，主要包括劳动观念与敬业精神、程序及规则意识、团结协作与组织纪律性等。

### 二、经济学基础

人力资本理论为职业教育存在提供合法性，是职业教育质量的理论前提。人力资本是指劳动者受到教育、培训、实践经验、迁移、保健等方面的投资而获得的体力、知识、技能和劳动熟练程度的综合能力和素质。

人力资本理论中，人力资本支出主要包括以下方面：正规学校教育的支出，包括各个层次正规教育的一切开支和学生的机会成本（因上学而放弃的收入）；职员的在职培训，包括企业内部开展的岗位培训和社会组织的培训；其他有关教育的投资，包括教育部门人员出国考察、培训、出席有关会议的费用，教育机构的保健、咨询及其他服务性开支，以及农业教育培训费用等。人力资本理论的核心思想是人们通过各种途径花费在自己身上的开支，不是为了眼前的享用，而是为了将来在金钱方面和非金钱方面的收益。从人力资本理论可以看出，教育投资是生产性投资，教育投资收益大于物质投资收益，人口的素质比人口的数量更重要等。

人力资本理论启示：第一，由于现代化的社会大生产及技术的迅猛进步，经济发展不仅依赖人口的数量，更加依赖劳动者的素质，即劳动力的质量比数量更重要，职业教育为社会经济发展提供大量熟练的劳动者，因此人力资本理论为其存在提供了合法性基础。第二，人力资本是职业教育重要的收益之一，职业教育质量主体参与职业教育的积极性在很大程度上取决于其能够促进个体人力资本的增加。职业教育之所以能够增加社会和个体的人力资本，是因为职业教育在面向社会、面向人人，充分尊重隐性知识价值的基础上，促进在语言智能和逻辑智能等传统普通教育过程中不占优势的其他智能类型人才的全面发展，实现更好的社会分工和流动。

### 三、社会学基础

（一）社会资本

社会资本是主体所拥有的社会资源，包括人与人之间的关系、规范、信任等，它有助于协调和合作的产生，提高资源配置的效率。国内有人研究认为，社会资本是嵌入关系网络中的历史传统、行为规范、认知模式和行为范式以及网络成员获得资源的能力的综合。

从社会资本视角来审视职业教育为各利益相关者带来的收益，职业教育可以促进社会资本的生成，这是由职业教育活动的多主体性、职业教育质量生成的过程复杂性、职业教育运行的社会性决定的。职业教育各利益相关者参与职业教育实践活动不仅增加了自身的人力资本，还能通过参与职业教育实践活动扩大社会交往范围，建立与教师、同学、管理者之间的联系，提升自身社会地位，获得社会资本。

（二）人力资本

人力资本是指劳动者受到教育、培训、实践经验、迁移、保健等方面的投资而获得的体力、知识、技能和劳动熟练程度的综合能力和素质。从人力资本理论视角来审视职业教育为利益相关者带来的收益内容及何种表现形式可以得出结论：职业教育能够促进人力资本的生成，这是由职业教育功能定位、职业教育规律、职业教育教学实践决定的。

西方经济学家认为凡是能够带来收益的任何因素都可视为资本，人力资本是相对于物质资本而言的，是体现在劳动者身上的资本，由劳动者的知识、技能、体力（健康状况）等构成，不仅表现为劳动者数量增加，而且表现为质量提升，即劳动者的天赋发挥和后天能力的培养。教育的本质是培养人，是形成人力资本的重要途径之一。职业教育通过培养技术技能人才，增加劳动者知识、技能，改善其体力，充分挖掘其潜能，从而增加各利益相关者人力资本总量。多元智能理论肯定了人的不同智能类型，形成了新的知识观和能力观，实现了技术技能人才规格的具体化，为职业教育质量观发展在人力资本维度上提供了理论支持。

（三）文化资本

人力资本将资本的视野由物质形式扩展到才干、知识、技能、资历等非物质形式，文化资本是在人力资本对资本概念内涵扩展的基础上，进一步对资本非物质形式进行拓展，将人的人生观、价值观、伦理道德、社会习俗等文化精神纳入资本范畴。文化资本就是"一种标志行动者的社会身份的，被视为正统的文化趣味、消费方式、文化能力和教育资历等的价值形式"。职业教育作为一种教育类型，职业教育过程中的各种理念、实践和价值观等，不断传承、创新，丰富了文化资本的内涵，促进了文化资本的形成，这是由职业教育内容的丰富性、过程的简捷性、结果的多样性等决定。

从文化资本视角审视职业教育为各利益相关者带来的收益，职业教育促进文化资本的形成，是因为职业教育不仅重视知识技能的传授，以增加学生的知识资本，更强调重视加强世界观、人生观、价值观的塑造，努力培育职业教育质量文化，从而丰富文化资本的内涵。

## 四、心理学基础

（一）多元智能

美国哈佛大学心理学家霍华德·加德纳（Howard Gardner）认为，智力是个体解决实际问题的能力和在各种文化背景中生产出或创造出该文化所重视的产品的能力。在批判传统智力理论的基础上，加德纳提出了全新的"多元智能理论"。他认为，人的智力是多元的，人除了语言智力和数理逻辑智力两种智力以外，还有其他七种智力，它们分别是空间智力、音乐智力、身体运动智力、人际智力、内省智力、自然观察智力和存在智力。智力是以组合的方式存在的，每个人都是具有多种能力组合的个体，而不是只拥有单一的用纸笔测验可以测出的解答问题的能力的个体。每个人会表现出某些特别发达的智力，并倾向于用不同的智力来学习。当每个人都有机会挖掘自身的潜能而高效地学习时，他们必将在认知、情绪、社会，甚至生理各方面展现出前所未有的积极变化。

（二）建构主义

职业教育面向生产、建设、管理及服务一线，注重实践教学，追求隐性知识表达，而建构主义理论是职业教育质量创造性实践活动的理论依据。除了杜威的教育哲学，建构主义观点还以皮亚杰、维果茨基、巴特利特以及布鲁纳的研究为基础。建构主义强调"学习者在个体和社会活动中的意义与学习的重要性"。建构主义有科学教育与数学教育的建构主义方法、教育心理学与教育人类学中的建构主义方法，以及基于计算机教学的建构主义方法等。①

以皮亚杰为代表的心理建构主义者对个体的知识、信念、自我概念或同一性感兴趣，他们关注人们的内在心理生活，以及个体如何建构他们的认知或情感结构与策略。皮亚杰很少关注"正确的"描述，却对个体建构出来的意义备感兴趣，对不能从环境中直接获得的一般知识（如守恒和可逆性）的逻辑和构建特别感兴趣，这些知识来自对我们的认识与思想的反思与协调，而不是对外部现实的描摹。

维果茨基认为知识是在参与者的共同努力与建构基础上建构起来的。社会互动、文化工具和各种活动构成了个体的发展与学习。文化工具包括物质工具（如印刷机、直尺和算盘、个人数码助理、计算机和互联网）和符号工具（数字和数学系统、布莱叶盲文与符号语言、地

---

① 王永越.X教育培训机构发展战略研究［D］.南京：东南大学，2019.

图、艺术品、符号与编码以及语言），在认知发展过程中起着非常重要的作用。所有的高级心智过程，如推理与问题解决，是通过语言、标识与符号等心理工具来调节或在这些心理工具的帮助下实现的。随着后现代主义思想与批判的兴起，激进建构主义者认为，尽管存在着经验影响思维、思维影响知识这一事实，但是，知识并非外部世界的反映，所有的知识都是在社会中构建的。而且，更为重要的是一些人比另外一些人拥有更大的界定知识内容的权力，这种观点鼓励通过合作以理解多元化知识，而且，常常向传统知识体系提出挑战。

建构主义理论丰富了职业教育教学理论，为探索人才成长规律开阔了新视野，开辟了新道路，对分析职业教育质量的主客体互动过程提供了理论指导。根据建构主义理论，职业教育质量是主客体的互动过程，不仅需要从"教"的视角去看待和分析职业教育质量，还要从"学"的视角去关注受教育者的基础、条件、方法、过程、动力，只有关心受教育者的成才、成长、收益、利益需求及主体期望，重视教育教学活动过程中的社会文化环境，才能真正实现职业教育质量的主体互动，实现职业教育质量内涵的全部内容。

### 五、管理学基础

#### （一）涌现性理论

职业教育质量是职业教育各组分之间相互作用的涌现。涌现性理论的通俗表述为"整体大于部分之和"。涌现在哲学上有两层意思：一方面，涌现是由于某种复杂性原因而引起的某结果（特质）的出现；另一方面，这一特质不可简单地分析为各个部分之和。复杂性科学中最基本、最重要的问题是整体特性何时出现和如何出现，即"涌现之谜"。复杂系统的特性不能从其组分的特性推导出来，高层次组织的机理也不能完全以低层次组织的机理所解释，系统具有不能还原成其组分的属性，因此，把复杂系统的组分不具有而系统整体才会具备的属性、特征、行为和功能称为涌现性。

　　涌现性的特征有：第一，一个整体的涌现性不是其组分的特征之和。第二，涌现性的种类与组分特征的种类完全不同。第三，涌现性不能由独立考察组分的行为中推导或预测出来。系统的涌现性是其整体性质，是各个组分相互作用形成有机的整体后才具有的性质，而不是某个组分或所有组分所共有的性质。另外，系统的宏观整体特性可以通过研究它的稳定定态来把握。稳定定态就是系统的整体涌现性，它只有形成系统整体时才会出现，一旦还原，定态就不复存在。

　　涌现性及其相关理论为探索复杂系统的复杂现象、演化规律、结构效应和外生效应等提供了独特的新视角和新方法，对于研究复杂环境中层级系统的形成机理和生长规律表现出明显的优越性。根据涌现性理论的观点，职业教育本身就是复杂的系统，职业教育质量是职业教育系统的整体性特征，职业教育质量就是职业教育复杂系统各组分相互作用的涌现。涌现性及其相关理论是分析职业教育质量评价和保障的内容过程的方法论。涌现性理论为研究职业教育质量提供了逻辑基础与理论依据。

　　（二）博弈论

　　博弈论为分析职业教育质量评价和保障的主客体互动提供理论支持。博弈（game）一般译为"游戏"，又译为"决策""竞赛"，在英语中是指人们在遵循一定规则下的活动，目的是赢得比赛。博弈具有规则性、竞争性、策略性和依赖性。博弈论（game theory）是研究在博弈情形下的博弈参与者（局中人）理性行为选择的一门理论；换言之，它是关于竞赛者如何根据环境和对手的策略，相应选择最优策略和行为的理论。《博弈论与信息经济学》一书中将博弈论定义为"研究决策者行为发生直接相互作用时候的决策，以及这种决策的均衡问题"。

　　博弈论有两个基本假设，即理性假设（决策者在追求目标时能前后一致地做出决策）和智能假设（博弈任何一方都知道其他局中人对此博弈所知道的一切，并能做出其他局中人对此局势所能做出的一切推断，那么就称此博弈中的局中人是智能的）。博弈的要素包括局中人、战略、信息集、得益、均衡、行动、结果，任一博弈至少需要 3 个要素，即局中人、行动空间（自己及别人战略选择范围）、可评价的结果。博弈论的主要内容包括纳什均衡、不完全信息博弈、均衡选择、重复博弈与多阶段博弈。纳什均衡即所有参与人的最优战略一起构成的一个战略组合，如果博弈中局中人要商定一个协议或签订合同决定博弈的进行，那么一个有效的协议或合同中的策略组合必须是纳什均衡的策略组合，否则，至少会有一个局中人不遵守协议或合同。

博弈论对分析职业教育质量中主体互动、主客体互动等具有重要的借鉴意义。质量是利益相关主体之间、主体与客体之间、客体与客体之间相互竞争博弈的结果。对职业教育质量的分析即根据博弈论具体分析质量各主体内、主体间、主客体间、客体间、各客体内的各要素及要素之间的相互博弈过程、博弈条件及结果、博弈均衡的实现等。例如，根据囚徒困境（低水平的均衡）分析职业教育恶性循环发展导致各利益相关方双输的后果以及如何实现双赢的条件，根据搭便车行为分析企业间博弈对校企合作的影响等。

（三）成本理论

西方经济学者认为，成本有两种本质含义：一是劳动价值，二是替代或放弃的价值。管理学中认为质量成本是质量改善所带来的利益评量，即执行计划所带来的利润会比执行计划的花费还多，是判断质量管理收益的方法。为将"成本"作为一种分析视角，提高"成本"概念对职业教育质量影响因素的解释力，需深入阐释"成本"的内涵及其表现形态：根据经济学、管理学关于成本定义的启发，成本不仅可以表现为货币形态的价值，还可表现为物质、精神、知识、环境等各种形态。因此可以从两个层面拓展对"成本"概念的认识理解：从成本内涵说，成本是条件、付出、代价、损失；从成本存在方式来说，成本是价值、风险、费用、时间、空间、人的精力等。

关于质量成本，质量管理学相关研究有两个不同的视角。首先，从质量成本功能角度将其归为两类：一是保证成本，由预防和鉴定成本组成。二是故障成本，包括内部损失成本和外部损失成本。其次，从质量成本构成各部分之间的关系视角分析，出现了劣质成本的概念。劣质成本分为三类，即故障成本、过程损失成本和机会损失成本。故障成本包括质量成本中的外部故障成本、内部故障成本；过程损失成本包括非增值成本、低效率过程损失成本和机会损失成本；机会损失成本包括顾客损失成本和信誉损失成本。

　　教育经济学研究表明，教育成本是指培养学生所耗费的社会劳动，包括物化劳动和活劳动，其货币表现为培养学生由社会和受教育者个人直接和间接支付的全部费用。

第七章

# 职业教育高质量发展创新驱动路径

## 第一节　职业教育高质量发展的时代背景

### 一、高质量发展是国家对职业教育提出的新要求

中共中央、国务院印发的《中国教育现代化 2035》指出，要鼓励大胆探索、积极改革创新，形成充满活力、富有效率、更加开放、有利于高质量发展的教育体制机制。《国家职业教育改革实施方案》强调，"要推进高等职业教育高质量发展，把发展高等职业教育作为优化高等教育结构和培养大国工匠、能工巧匠的重要方式，使城乡新增劳动力更多接受高等教育"[①]。高职学校要培养服务区域发展的高素质技术技能人才，重点服务企业特别是中小微企业的技术研发和产品升级，加强社区教育和终身学习服务。教育部、财政部制定的《关于实施中国特色高水平高职学校和专业建设计划的意见》，九次出现"高质量"一词，实施"双高计划"的总体目标是打造技术技能人才培养高地和技术技能创新服务平台，支撑国家重点产业、区域支柱产业发展，引领新时代

---

①　谢德新，庄家宜. 从学科本位到综合职业能力：新中国职业教育人才培养的历史回眸与未来展望 [J]. 职业技术教育，2020，41（28）：33-39.

职业教育实现高质量发展。可见，运用技术的创新驱动，通过教师"教好"，使学生"学好"，让学校"管好"，从而促进职业教育高质量发展，是国家赋予职教界的新课题。

### 二、已建成的优质资源平台为高质量发展提供了指导

截至 2018 年，全国有高职高专院校 1418 所，在校学生达到 1133 万人，年招生 360 万人，平均生师比为 18∶1，作为一种教育类型，基本达到了本科教育的规模。近几年，在国家政策的指引下，高职发展非常迅速，现代学徒制试点、产教融合型专业和企业申报认定工作进展顺利，在资源库建设、精品课程及精品资源共享课、精品在线开放课程、精品视频公开课、MOOC、规划教材建设、信息化竞赛、教师职业能力竞赛等方面搭建了信息化平台。特别是 2010 年教育部启动实施职业教育专业教学资源库以来，十年间陆续建成了 112 个国家级资源库，涵盖课程 1810 门，注册用户超过 300 万人，访问量 6 亿多次，实现了"互联网+教育"的落地。这些平台积攒了大量的优质资源，突破了地区和学校的物理界限，构成了职业教育高质量发展的基石，是为各学校各个专业树立的标杆，是为高职院校改革与创新提供的指南，是有效解决师生对优质教学资源的向往与学校本身能够提供的教学管理服务之间突出矛盾的重要途径。[①]

### 三、新型信息技术给职业教育高质量发展提供了契机

随着计算机通信网络的快速普及，以大数据、人工智能为典型代表的新一代信息技术在智能交通、案件侦破、互联网金融、政府治理等方面得到广泛应用。

信息技术渗透教育过程，改变了教师的教育理念及方式方法，给教

---

① 谢德新，庄家宜. 从学科本位到综合职业能力：新中国职业教育人才培养的历史回眸与未来展望 [J]. 职业技术教育，2020，41（28）：33-39.

育注入了新的生机和活力，打破了传统的"班级授课制"这种单一的教学组织形式，课堂教育、个别化教育、远程教育、跨专业学习共同体相互结合，多类型教与学的形式并存，多维度的教育模式共生共长。在个别化教育和创新性自主学习方面，多媒体技术、VR（虚拟现实）、AR（增加现实）融入理论及实践教学环节，使教学过程更加生动形象，使教育者和受教育者都具有更大的自由选择余地和发展空间。教师的角色由单一的知识传授者变换成教学资源的制作者、教学方案的设计者、教学实施的组织者、学生习识的指导者、教学效果的评价者，更是寻求最佳方案的合作伙伴和评判者。通过信息技术，优化培养进程，提高办学质量，正是教育信息化驱动人才培养的价值逻辑。利用网络资源共享平台，参考和借鉴校外优质资源，取长补短，调整办学定位，精准对接本地经济用人需求，依托智慧校园或者信息化系统，探索人才培养的最佳模式，正是解决职业教育高质量发展问题的关键所在。

## 第二节　职业教育高质量发展的内涵

"质量"是指产品或工作的优劣程度，通常是指产品质量或服务质量，是以产品标准或服务标准作为衡量尺度。高质量自然是高于合格标准的优秀等级，职业教育培养技术技能型人才，高质量发展是内涵式发展的高级阶段，要求以更高的标准培养更多更优秀的人才。既能代表职业教育的改革创新趋势，又能汇聚社会资源，利用产业学院和研究院所等技术服务平台，通过高效的服务供给，为行业企业提供人才支持和技术保障，彰显"支撑发展"的价值，同时以鲜明的专业及地域特色，诠释类型厚度，以俯瞰全球的建设视野，实现世界水平的高度。高质量发展具有七个核心要素。

## 一、构建了党建引领、立德树人的人才培养生态

全面贯彻党的教育方针，坚持服务国家建设、服务学生成才、服务当地经济的原则，把社会主义核心价值观和立德树人贯彻到人才培养方案及教育教学全过程，弘扬劳模精神和工匠精神，培养德智体美劳全面发展的社会主义建设者和接班人。思政教育及德育工作遵循学生身心发展规律，符合职业岗位特点，内容和载体丰富，途径和形式多样，有完善的人文艺术教育体系，培育学生健全人格，打造符合岗位发展要求和专业特点的校园文化品牌。人才培养体系以人为本、以能力为重，注重学生思想品格和工匠精神培养。

## 二、构建了学生成长成才的有效路径和评价机制

形成全员育人、全过程育人、全方位育人的"三全"育人格局，坚持以教师为主导、以学生为中心、以资源为手段，为学生搭建多样化选择、多路径成才的桥梁。构建了分层教学，因材施教个性化培养，利用大数据等信息化手段的学生职业能力评价体系与预警干预改进机制。

## 三、打造了教学科研与社会服务能力过硬的师资队伍

通过内培外引，"送出去""请进来"等方式打造了热爱职业教育、专业功底扎实、教学理念及教学方法先进、企业项目经验丰富、实践技艺精湛、课堂组织能力强干的职称学历结构、"双师"结构和专兼职结构合理的师资队伍。重点专业聘请或引进一定数量的行业领军人才、企业名师大师、产业导师和较高比例的博士，能够带动中青年教师从事应用技术开发和社会服务工作，通过成立研究院所（中心）和产业学院，组建了方向明确的科研教研和技术攻关团队，推动教师素质和学生实践技能的整体提升。

## 四、构建对接产业高端及服务当地重点发展领域的专业培养定位体系

专业设置能够紧密对接本地区产业发展需要，能围绕相应的经济带、产业带和产业集群，构建适应社会需求、特色鲜明的专业群，拥有专业人才需求预测、预警和毕业生就业质量跟踪反馈系统，并适时用于专业结构的优化调整，形成专业和专业群动态调整机制。主体专业能够与国际接轨，能够接纳国际生来校交流学习，能够派出骨干教师去海外担任教学培训任务。各专业与产业链上游企业或者产教融合型企业紧密合作，实现了师资共享、实习实训设备场地共享、教学资源共享、信息共享、人才供需共享，共同促进行业企业的转型升级。

## 五、构建了适应于信息化要求的课程开发和智慧教育模式

以云计算、物联网、大数据、人工智能为典型代表的新一代信息技术在教育教学中得到广泛采用，拥有一批智慧教室、教学资源研发工作室、录直播培训教室、无人值守自修室，既能满足全日制学生教学需要，也可以面向社会提供培训和短期进修服务；建立了智慧校园平台和教育大数据中心，教学过程和学习过程全记录，能够为教育教学、自主学习、个性辅导、教师学术能力提升、师生考核评测、各级管理提供智慧化服务。

## 六、构建了校企合作深度产教融合的实习实训教学环境

通过校企合作建立了校内生产性实训基地，企业捐赠或者学校购进了与企业技术同步的实习实训设施设备和管理系统，有专门技师负责指导项目实践，学生能够在真实的工作环境中完成技术技能的培养，现代学徒制、冠名订单班、对口就业班、精英培优班均可以在校内进行，建成了若干产业学院，可以承接技术改造、产品开发、技术服务、标准研制、咨询论证等项目，通过应用技术服务带动师生实践能力的提升。

### 七、构建了现代化的学校管理和治理能力体系

中长期发展规划和年度计划明确，可量化操作考核，以章程为核心，建立完善的现代化、系统化制度体系。意识形态规范、激励机制、教学规范、学生守则、处罚条例、能者上不能者下的竞争机制等自主管理、自我约束的体制机制健全。学术委员会、教学委员会、教职工代表大会各司其职，全校教职员工凝聚共识、齐心协力，营造了奋发向上、开拓创新、勇于担当、充满正能量的氛围，各类岗位人员均有机会得到激励和出彩的机会。

## 第三节　职业教育高质量发展的表征

高职教育高质量发展的表征是指通过内涵建设过程所表现出来的高水平显性化成就，是学生、家长、用人单位、学校四方满意的集中反映，更是"当地离不开，业内都认同，国际可交流"质量标杆的外在特征。

### 一、生源质量稳步提高：考生填报志愿的首选学校

生源质量是学校排名的重要依据，更是社会认可度和知名度的标志。调查表明，高考生填报志愿的信息来源中，比重最大的是同学和朋友，学生满意了，一定愿意通过朋友圈或者口碑宣传等形式把自己的学校推荐给学弟学妹们。特别是在明确为一种类型教育后，职业教育在国民教育体系、家长群及社会的地位不断提高。学一门技能、用技术成就自我，成为许多青年学子的理想。百万扩招等系列重大举措，让大多数高职院校不再为生源数量发愁。但各省市高职专科的高考录取最低控制线非常低，有的学校踩线录取，而有的学校却超过本科线，差异非常大。高质量发展的最大受益者是学生，人才培养质量的提高必定促进学

校品牌的形成，能够吸引更多的高考学子填报志愿，使高考录取线呈上升趋势。随着生源质量的提高，优秀学生更容易聚集，又反过来促进办学质量的提高，从而进入良性循环。因此，稳步提高生源质量并达到领跑本地区同类院校是高质量发展的重要标志。

### 二、高质量就业：用人单位校园招聘的首选品牌

我国正处于劳动力市场转型升级的关键时期，大数据和人工智能给用工机制带来了前所未有的挑战。许多简单重复性劳动的岗位逐步被机器人取代，企业需要的是有良好的职业精神、有团队意识、能运用互联网思维、专业技术扎实、善于采用信息化手段寻求最佳方案的创新型人才。通过三年学习，培养的学生思想品德优良、项目经验丰硕、思维活跃、积极主动、乐观向上、有开拓创新精神，可持续发展能力强劲，能快速吸收企业文化并切入核心位置成为技术骨干，这是用人单位校园招聘重点考虑的因素，也是学校高质量就业的典型特征。

### 三、行业精英和业务骨干成批涌现的学校

如果说衡量一个学校是否优秀，过去主要看师资和硬件条件的话，那么高质量发展一定会过渡到比拼哪所学校培养了更多更优秀的毕业生。校友的口碑、校友的馈赠、校友对社会的贡献必定会成为学校提高影响力不可或缺的重要资源，国际国内顶尖高校大多如此。一个好的学习环境、一批好的平台、一种好的机制往往会形成聚集效应，能够为更大的学生群体提供脱颖而出的机会。高职院校培养出少数几个优秀学生，并不能说明学校的办学质量高，因为存在偶然性，但如果优秀学生源源不断涌现，并能在较短的时间跨度内成长为行业精英或者业务骨干，那么学校的办学质量一定是不容置疑的。

### 四、有相当数量的高水平高等级显性化成果

高层次高等级显性化成果是学校综合实力的表现，也是竞争力排名

的重要依据，具有广泛的社会影响力，分为综合性荣誉、单项荣誉和专项荣誉。综合性荣誉主要包括：反映学校整体实力的中国特色高水平高职学校和专业建设计划（"双高计划"）学校、教学资源库牵头学校、示范性高职院校、示范性（骨干）高职院校、优质院校，反映教学研究和实践领域成就的教学成果奖，反映职业教育成就的黄炎培职业教育优秀学校奖等。单项荣誉主要有：反映学生技术技能水平的职业技能大赛、反映教师团队水平的教学创新团队、教学团队、研究团队、反映课程建设与应用水平的精品课程、资源共享课、精品视频公开课、精品在线开放课程、微课大赛、反映教材建设水平的职业教育国家级规划教材和精品教材、反映教育理论与实践创新能力的教育科研成果奖、反映学生创新创业能力的"互联网+"大学生创新创业大赛和黄炎培创新创业大赛等。

以上列出的标志性成果，虽然有些项目已经成为历史，不再继续申报，但在建设过程中打造了教师团队，积累了经验，沉淀了文化，搭建了平台，夯实了基础，在形成竞争力时发挥了重要作用，这些都是学校高质量发展的基石和动力源泉。

### 五、在专业领域拥有话语权

话语权既能够反映本领域当前的最高水平，更能够代表未来的发展方向，具有舆论的控制权和引领作用，是影响力和号召力的象征，是重大会务承办、重要项目牵头、典型经验推介、权威媒体报道的首选品牌，也是各级行政主管部门、行业学会（协会）或者联盟等组织举办会议时聘请专家主旨发言首先考虑的单位或者个人。综合实力、排名、特色、职业教育前沿理论研究成就等都是学校拥有话语权的关键要素，课程建设、专业水平、科研实力、某一方向上的领先地位都是团队带头人掌握话语权的核心因素。在本地区拥有话语权的人数量越多、范围越广，越能证明学校的办学质量。

### 六、社会服务能力能支持和引领当地经济发展

专业结构与本地产业布局对接，专业群与产业链紧密结合，区域技术技能人才体系与培养区域产业发展紧缺人才相统一，建立了根据产业人才需求状况而动态调整专业办学方向和规模的预警机制，校企合作建成了若干产业学院、协同创新中心、大师工作室、研究机构，每年都能够通过研发、技术应用、知识产权转换、决策咨询和培训等社会服务形式引进一定数额的校外资金入账。骨干教师经常参与行业研讨，学校柔性引进或聘请了一定数量的企业领军人物担任客座教授，并在学校设有研发中心和研究团队，在课程开发、人才培养方案制订、项目设计、教学过程和考核方面均有行业专家的指导，专业带头人是企业的技术顾问或者专家，学校成为行业企业新产品研发的重要合作伙伴、技术攻关核心力量、智库中心、职工及客户培训基地，支持和引领当地经济是职业院校高质量发展的表现形式。

### 七、开辟国际化办学通道

中国是全球规模最大的贸易国和出口国，与世界资本、商品和服务交流频繁。职业教育占据高等教育的半壁江山，融入国际化环境，能够接收国际交流生和留学生来华学习培训或学历教育，到境外开办培训班、设立分校，为中国产品走出国门提供技术和售后服务，既是响应"一带一路"倡议的需要，也是教育国际化的必然选择。与国际接轨的办学理念、管理模式、课程内容以及技术能力和外语水平过硬的"双语"师资团队是学校主体专业走向国际化的重要保障，也是高质量发展的显著特征。

## 第四节 职业教育高质量发展的创新驱动路径

创新是引领发展的核心动力，通过创新驱动职业教育高质量发展，是贯彻《国家职业教育改革实施方案》，破解当前高职院校发展进程中存在的突出矛盾的关键所在。

### 一、完善激励机制

高职教育办学规模、专业布局、师资队伍、人才培养模式等基础性工作趋于稳定，进入了一个崭新的发展阶段，创新的难度在加大，需要更多的知识储备和智力成本，因此，创新驱动是一项系统工程。首先，需要学校上下统一认识，在政策允许的范围内，给课程建设、科研、社会服务等各类创新团队更多的自主权，激活教职员工的创新动力。其次，要制定科学的考核评价机制和管理制度，打破平均主义，多劳多得、优劳优酬，让创新成果能够在待遇上体现出来，把创新贡献摆在和常规教育教学工作同等重要的地位，并纳入职称评审与职务晋升体系，引导大家把技术开发和科研教研工作当成一种自觉行为，形成崇尚创新、奋发向上的氛围。

### 二、搭建创新平台

高职院校教师的教学工作量比较繁重，创新动力不足，没有平台依托，仅靠兴趣爱好建立的创新行为有较大的随机性和短暂性，难以对人才培养产生长远效果，创新成果难以持续深入。纵观国内外高水平职业院校，大多建立有为数不少的创新平台，比如工程技术中心、研究院所、实验室、协同创新中心等机构，配备有专门的研究人员，有专家领衔，承接有高质量课题或者技术研发项目，依托这些项目，循环滚动式发展，带动教师团队的科研教研和社会服务能力提升。

### 三、组建研究团队

构建地方特色样本，打造职业教育品牌，输出中国模式，还存在很多需要探索的领域，比如，职业能力评价标准、混合所有制二级学院机制建设、国际标准的本土化、职教集团和校友资源的运用等都需要集体合作长期潜心研究。高质量成果需要高规格研究团队集体智慧的结晶，各学校重点建设专业不同，重点研究领域也会不同，应根据当地经济发展的需要、职业教育热点难点问题、研究力量等实际情况，从组建校级研究团队入手，聚集重点专业群和本地区重点产业，紧紧把握专业建设和产业面临的现实问题，形成火力点，抱团发力，集中攻关，着眼为合作企业排忧解难，从根本上解决校企合作中"学校热企业冷"的问题，成为行业产业智库中心和解决方案的集散地。

### 四、发挥领军人物的牵引作用

研究团队需要带头人，才能持续产出高质量创新成果，团队领军者需要有相对稳定的研究方向、有项目开发能力、有良好的研究功底和丰富的经验、有团队组织能力，行业专家、产业导师、中年博士、高级技术人员都可以作为担任团队带头人的主要人选。拥有一批专业或者技术方面的领军人才，是推动创新发展的原动力。通过引进国内外优秀人才作为团队带头人，让一大批有潜质、有热情、有追求的教师聚集起来，紧跟时代步伐，培育出高质量理论文章、高水平技术攻关难题、高级别科研项目、高层次教育教学成果，让团队成员明确提升的路径和方向，使高职院校成为企业攻克技术难题的首选地和命运共同体。

### 五、建设智慧校园

信息技术融入教育教学过程，推动教育现代化。建设好智慧校园，打通教务、学工、实习实践、顶岗实习、科研、人事、财务等软件系统的数据通道，建立教育大数据中心，搭建未来课堂和个性化成长成才平台。利用专业教学资源库、慕课等优质资源，开发网络培训与考核认证系统，科学客观评价教职员工的业绩和学生职业能力情况，开发自主学习、自我诊断、预测预警和干预提升模块，全面提升师生的信息化水平，养成互联网思维，从容应对大数据、人工智能对教育领域的挑战，实施智慧教育，探索人工智能教学模式创新，建立泛化开放的学习环境，逐步推进编程教育、创客教育、STEAM 教育（集科学、技术、工程、艺术、数学等多学科融合的综合教育）和机器人教育，提高师生跨专业学习共同体科技创新、合作学习和探究学习的能力，促进教育教学改革和创新发展。

通过创新驱动，推进高质量发展，全面提高学生职业能力，为国家培养更多更优秀的技术技能型人才，促进社会经济的提质转型，引领行业企业的创新发展，这既是国家战略的要求，也是职业教育的普遍诉求，更是教育教学改革与创新的时代命题。本研究立足于此，基于国家有关文件精神及现实分析，归纳总结了职业教育高质量发展的动因，以及其内涵和表征，提出了创新驱动的一些路径。但职业教育的高质量发展不是一蹴而就的，而是需要一个较长的时间周期，更需要社会各方的共同关注和广泛理解，才能朝着预设目标稳步前进。

# 第八章

# 创新赋能职业教育高质量发展研究

## 第一节　创新赋能职业教育高质量发展的意义

### 一、使职业教育培养出的学生更适合时代需求

通过创新，学生会对所学专业产生更多兴趣。职业教育本来就是偏向实践技能训练的教学理念，但许多学生对本专业的了解程度不高，并不清楚所学内容的实际工作应用。长此以往，学生会丧失对本专业的积极性。通过改革创新，渗透给学生更多关于本专业以及所学内容的介绍，让学生对所学内容有清晰认识，学生的兴趣也就由此产生。改善职业教育的教学质量，使其适应时代需求，让学生能学有所成、学以致用。许多应用老旧教学模式的学校会发现培养出的学生专业技能不达标，主要原因是教学质量出现问题。老旧的教学模式是根据过去的时代需求进行创建的，许多知识体系都没有更新深化，造成学生的专业技能薄弱，根本无法解决现在一些企业的实际问题。

正是有了教育改革创新，对职业教育的教育模式融入了新时代的发展理念，在提升教学质量的同时也有效为企业发展和国家建设提供了有利条件。同时，随着我国"互联网+"技术的推广，我们看到了互联网对我国高等职业教育质量提升的积极作用。我们倡导的改革创新职业教

育质量，可以从互联网技术的应用开始，打破职业教育质量天花板，实现传统教育与网络教育的结合，不断提高职业教育质量，丰富职业教育教学手段，激发学生的学习热情。以互联网技术为主，使职业教育教学质量得到突破，可更好地推动职业教育教学改革工作的进行。同时，通过互联网教育平台的构建，一方面，可以发挥学生的想象力，给学生更多创造和发展的机会；另一方面，突出以学生为主的教学原则，帮助学生进一步扩展自己的知识层面，鼓励学生通过自主学习，不断提高自身专业素养，更好地推动我国职业院校改革创新工作的进行，使高职院校教学质量得到质的飞跃。①

## 二、为国家未来建设打下基础

职业教育本来就与国家的未来发展有着密不可分的联系，从教育部出台的有关职业教育的相关文件也可以看出，职业教育的未来规划已经与我国的未来建设相衔接。职业教育按照国家的发展需要培养出大量相关领域的技术型人才，进而帮助国家在相关领域取得一定成就，提升一定的国际地位。因此，做好职业教育的改革创新是我国未来建设的一小步，却是我国职业教育发展的一大步。

## 三、满足学生的就业需求，减弱社会的就业压力

随着国民教育程度的提高，我国社会出现了高压的就业竞争情况。许多学生选择职业教育进行学习深造的目的是找到满意的工作。因此，职业教育如果不进行改革创新，学生的就业能力依然处于不利状态，就业竞争依然很弱。职业教育的改革创新能够在社会就业需求的基础上对学生进行相匹配的培养，为学生的就业创造条件。

学生的高就业率也能降低社会的就业竞争压力，有效缓解毕业生的

---

① 郑烨，陈笑飞，孙淑婕. 中国创新型城市研究历经了什么？——创新型国家建设以来的文献回顾与反思 [J]. 中国科技论坛，2020（8）：88-97，109.

就业焦虑情绪。

## 第二节　国家经济转型与教育创新的关系

### 一、强化企业与学校的深度合作，以适应国家的经济转型

对职业教育来说，最主要的任务就是学生的就业问题，就业与国家的经济是有直接联系的。因此，为了适应国家的经济转型，对职业教育的改革创新就有了新的要求。要以提高学生就业率为目的，加强职业院校与企业的合作交流，解决职业院校学生就业质量低、工资收入水平低等问题。让企业深入学校中去，为学生提供一定的专业技能培训，企业对学校进行投资建设专业的实验室，为即将毕业的学生提供一定的实习岗位，实现对企业所需人才的定向培养。学校方面可以为企业输送大批量的符合要求的专业人才，满足企业的人才需求。双方实现互惠共利的完美局面，学生的就业得到保障，改变了人才输送企业的匹配模式，实现了人才的供给需求和企业的储备需求，丰富了企业的人力资源。学校以培养学生专业技能为目的，通过校企合作，实现人才的高质量培养，进而提升技能型人才的待遇优化，有效刺激国家的经济发展，有利于国家经济转型需求。

### 二、建立办学特色，服务区域发展

近几年，区域协调发展战略的规划逐渐普及，这也对职业教育的改革创新有了一定的需求，要求职业院校根据地方的区域特色打造办学特色，达到满足区域协调发展的目的。院校的办学特色要满足学生的专业技能培养，对每个专业进行独特的师资团队力量培养，对不同专业进行区分教学，深度挖掘各个专业的教学特点，满足实践课程在整体专业课程中的比重分配，以此来建设院校的独特办学特色，实现区域协调发展

战略。通过职业教育改革创新，打造职业院校的办学特色，与区域发展相协调，在区域建设上划分出独特的职业教育规划，为区域培养出高质量的定向专业人才，服务于区域发展，为国家的区域协调战略建设添砖加瓦。

## 第三节　改革创新赋能职业教育的主体

### 一、赋能学生的技能开发

职业教育培养下的学生具有一定的技能潜能，教师在激发学生技能潜能的同时也要注重学生道德素质和职业精神的培养，通过改革创新赋能，激励学生成为全方位发展的专业人才。学校也要注重对学生进行传统文化教育，让学生了解我国的文化发展，培养学生产生爱国情怀、民族自豪感以及工匠精神，鼓励学生树立成为大国工匠的梦想，为我国的制造业发展贡献力量。

### 二、赋能教师的教学职业素养

教师要善于倾听学生的想法，不要将自己的想法强加在学生身上，凡事都站在学生的角度去思考，以学生为教学的主要部分，与学生亦师亦友。教师自身要政治方向明确，自律严谨，具备学习新事物的能力，更要热爱职业教育事业，能够熟练操作互联网教学设备使教学课堂新颖独特。

### 三、赋能学校的创新发展

学校要借助互联网的发展开拓网络教学方面的创新，加快推进"学分银行"制度的建设，鼓励各个院校联合起来，以学分累积作为标准，促进学生进行多专业多学校的不同技能综合拓展学习，丰富职业教育的教学形式。学校要大力推进校企合作教学模式，为企业培训人才的同时，也帮助学生增长自我实践能力。

## 第四节　职业院校创新的措施

### 一、建立合理的教学体系，提升学生职业规划，培养学生创业意识

对于职业教育的学生来说，有一个明确的职业规划对在校阶段的专业学习以及未来的就业和职业生涯发展有很大帮助。但大部分职业院校在这方面没有明确的教学方案，这就造成了学生对专业学习的迷茫。因此，学校要彻底利用好改革创新这一机会，为学生的职业规划建立合理的教学体系。学校要做好充分的市场调查，根据市场的供给需求，进而筛选出学校的专业设置，这样有利于学生的未来就业情况。为了获取更为广泛的信息资源，学校可以建设网络平台系统，在筹集信息的同时，还能起到与学生沟通的作用，了解学生的专业相关问题，对学生能够有个更加全面的了解，方便未来的教学方案设计。在教学设计上融入一些对职业规划内容的科普，有效帮助学生进行自我职业生涯规划，同时，根据学生的问题调整教学方向，满足学生对专业知识的需求。有效利用学生每年的就业情况，为学生提早明确就业方向，减轻学生的就业压力，树立正确的就业观念。由于学生的自身情况存在差异，这就让创业意识凸显出来。教师在教学过程中会发现，有些学生的思维跳跃性很强，思考和提出问题的能力远超于其他同学，这样的学生更适合创业发展，传统的就业模式会束缚学生的思想。因此，要在平时教学过程中对学生的创业意识进行启发，适当地抛出一些问题，进行分组解决，培养学生的领导能力和团结意识。

## 二、建立校外实训基地，丰富学生校外实习机会

在职业教育教学中，实践培训是培养学生实践技能最直接有效的手段。通过实践培训，可以将所学的理论知识转化为实际应用，强化学生发现问题、解决问题的能力，丰富学生的实践经验，有利于学生应对在未来工作中所遇到的突发问题。因此，对于职业教育的改革创新要满足建立校外实训基地这一情况。现如今，由于企业自身建设等多种原因，学生的校外实习机会越来越少，这不利于培养学生的实践技能。通过建立校外培训基地，可以有效解决这一问题。学校与企业达成合作，企业提供场地满足学生的实习实践需求。同时，学校为企业培养定向的所需人才。在这一过程中，学生成了最大受益者。

## 三、利用网络传播建设虚拟教学平台，服务学生知识获取

随着互联网的高速发展，许多多媒体设备已经被应用到现实教学中，但这些只能满足课堂上的教学，对于学生课后所产生的问题疑惑，还需要有一个切实有效的方法。这里就提倡学校改革多媒体教学，增加一些网络设备，建设一个网络平台，教师和学生都可进入该平台。教师为平台输入教学资源、知识要点，学生在该平台进行知识获取，满足学生的知识诉求。学生喜欢使用网络平台的原因是这种平台学习方便又不受时间地点限制，知识资源更为准确可靠，但相对应的缺点是需要学生控制住自己的网络猎奇心理，避免受到网络上其他内容的干扰，影响学习质量，这就需要对自己进行一个毅力的训练。

## 四、注重学生的道德素质培养，以学生为主体

在职业教育的教学培养过程中，教师不光要把教学重点放在学生的能力培养上，还要注重学生的心理发展和素质教育。现如今，许多学生都会存在一些心理问题，这些问题有些是因为家庭因素，有些是因为学

习压力。这些因素使学生的心理压抑，这就需要做到经常与学生进行沟通，细心观察学生的举动变化，及时察觉学生出现的心理问题。在课堂上，正确地对学生进行道德素质教育。在进行素质教育的同时，也要培养学生的工匠精神。作为未来的技能型人才，加强工匠精神建设，会让学生坚守职业操守，为未来的职业发展打下基础。在课堂教学过程中，教师要时刻以学生为主体，避免由于自己的主导教学引起课堂的压抑，抑制学生的思维发散，降低课堂教学效果。教师要善于聆听学生的想法，深入了解学生，挖掘出学生的内在潜能，与教学方案相融合，帮助学生找到自己擅长的领域，坚定学生的专业信念。

### 五、创新教学评价体系，均衡发展理论与实践

教学评价体系是对学生学习效果和教师教学情况的整体总结，由于受到应试教育的影响，教师对于学生的学习评价体系仅由理论成绩决定，忽略了实践能力的评价，这就造成培养出的学生出现理论知识丰富但实践能力不足的情况，严重阻碍了职业教育的教学发展。职业教育本身就是一个实践大于理论的教育门类，对此，教师需要对评价体系进行改革，可以将评价体系与企业相融合，对学生进行校外实训培训后，对企业的评价给予一定的占比。教师要更新职业教育的教育理念，注重对学生理论课程的培养，注重观察学生实际理解情况，对于培训可以进行分组教学，同时培养学生的团队意识。

# 第九章

# 新媒体技术在职业教育高质量发展中的创新应用

2021 年 3 月 11 日，十三届全国人大四次会议通过的《中华人民共和国国民经济和社会发展第十四个五年规划和 2035 年远景目标纲要》提出要"推动媒体深度融合"，同时要"构建高质量的教育体系""增强职业技术教育适应性"。《国家职业教育改革实施方案》提出要"推进高等职业教育高质量发展""运用现代信息技术改进教学方式方法"。教育部等九部门印发的《职业教育提质培优行动计划（2020—2023）》提出要"大力推进'互联网+智能+教育新形态'，推动教育教学变革创新"。为进一步贯彻落实上述文件及《中国教育现代化 2035》《加快推进教育现代化实施方案（2018—2022）》要求，在以媒体深度融合为代表的信息经济背景下，高等职业教育需要正视并积极应对信息技术前所未有的发展速度和强度，从如何有效应用新媒体技术重点切入，增强对新媒体等技术的适应性、接触度和掌握力，通过在教学、管理和科研等多个环节的实施，打破传统模式的局限，实现结构性、创新性的改革，最终通过专业认证，从理念、机制和模式上实现高质量发展。

## 第一节 新媒体技术助力职业教育高质量发展

新媒体技术带来的传播方式和表达方式变革，对于教育传播和知识表达的形态和生态影响深远，进一步影响了包括高等职业教育在内的教育现代化、信息化等高质量发展模式。

### 一、新媒体技术促进传播方式和表达方式变革

新媒体技术在高等职业教育高质量发展中的应用顺应了时代的需求，是推动高等职业教育高质量改革发展的关键要素。该技术的很多特征深受当下学生的青睐，如交互性、开放性和个性化等，与其接受、处理信息的方式和习惯呼应。通过新媒体技术，可打通高等职业教育课堂、教材和教务等教学场景中的知识传播和表达壁垒。①

### 二、新媒体技术加强教育传播和知识表达有效性

新一轮科技革命和产业变革深入发展，各行各业对应用型、技能型和创新型人才的需求越来越迫切。高等职业教育高质量发展势在必行，其需要借助新媒体等信息技术的创新应用，实现有效的教育传播和知识表达。一方面，新媒体技术为高等教育教学的优化和创新起到了积极的促进作用，尤其是对艺术、英语等情景性教学环境要求高的专业。另一方面，新媒体技术也会对高等教育管理和科研工作的高效进行构建重要的载体和平台环境，主要涉及重构课程体系、扩充开放性教育资源数量和衡量评估绩效等。

## 第二节　新媒体技术在职业教育中的应用现状和存在问题

面对新媒体技术引发的产业重构态势，新的人才需求出现结构性的调整和变化。目前，已有部分高等职业教育领域对新媒体技术开展了全面应用并取得了不错的成绩。然而，仔细审视，问题仍然存在，不容过度乐观。

---

① 张健. 类型视野下对职业教育特性与发展的再审思［J］. 教育与职业，2020（14）：26-32.

## 一、高职教育中新媒体技术应用现状

新媒体技术应用是高等职业教育体系改革发展的重要动力之一。其以技术创新应用为出发点，并据此引领和革新教育模式，深刻影响了新时代具有创新意义的高等职业教育体系构建。目前，高等职业教育中的新媒体技术应用主要体现在社交媒体平台形式的教育传播和慕课、微课等知识表达上。

### （一）教育传播

以社交媒体平台为主。2020 年，为应对"疫情"，教育部提出"停课不停学""停课不停教"的要求，开通网上学习平台，促进了教育信息化发展。越来越多的社交媒体平台，如微信、微博和抖音短视频等，通过新媒体技术以短视频、有声读物等形式立体呈现教学内容，为师生的教学内容创作和传播提供了一个相对活跃的载体。如河北艺术职业学院通过微信、腾讯 QQ 等社交媒体平台，实现在线教学和听课。

### （二）知识表达

以慕课、微课为例。基于新媒体技术的软硬件设备与设施，建构高职教育的数字化、信息化和智能化教学场景。通过慕课、微课进校园等形式进行的知识表达，引导教师与学生在新媒体技术环境中进行教与学，促进了师生互动，提高了教学效果。以重庆电子工程职业技术学院为例，其在中国大学慕课平台上开设了《信息技术与人工智能课程》直播课，最终收获了 8420 人观看。

## 二、高等职业教育中新媒体技术应用存在的问题

随着新媒体技术在社会经济文化领域的广泛普及，目前，我国高职教育中的新媒体技术应用范围越来越大、力度越来越强，但存在数字素养教育重视不够、新媒体人才队伍建设滞后和个性化学习方式缺乏等问题。

### （一）数字素养教育重视不够

数字素养已成为数字化社会公民的核心素养，是公民生存的基本能

力，是 21 世纪劳动者和消费者的首要技能。随着互联网、移动设备以及其他教育技术大范围普及，要求学生不断提升了解和掌握数字工具、实施数字创建、有效获取数字信息和数字交流等的能力。数字素养的培育已开始影响高等职业教育人才培养目标和师资队伍发展规划制订等。但由于对数字素养的具体内涵缺乏共识，对数字素养教育重视不够，致使很多学校无法出台有效措施以应对新的挑战。在媒体融合深度发展的当下，新媒体技术对数字素养提出了更高的要求。

（二）新媒体人才队伍建设滞后

具体表现在没有将新媒体人才培养、引进与院校高质量发展的体制机制对应起来。目前，更多采取其他岗位人才转型或者直接应付，导致产生了"无人可用"或者"用人不当"等现象。这可能会导致以下问题：一是在课程设置上，很多新媒体技术课程开设不了或者开设效果不好。二是在教学体系上，未能借助新媒体技术动态可视化呈现学校特色和专业优势。三是在教学实践上，影响实践平台的多媒体呈现和表达效果，不利于实习实训项目的融合性教学。

（三）个性化学习方式缺失

根据师生个性化需要，量身打造教育内容和方法，这一做法日益引发关注。由此推动包括新媒体技术在内的高新技术研发和应用，旨在赋予高职学生更多自主选择权利，为实行差异化教学创造条件。尽管人们对个性化学习方式的需求很高，但现有技术和实践并未对此予以足够支持，部分教师不情愿接纳或者不适应新媒体技术，对技术应用方式不友好、不信任。

## 第三节　新媒体技术促进职业教育高质量发展的应用策略

《职业教育提质培优行动计划（2020—2023）》提出了"探索高职专业认证"的任务。在具体构建统一的、权威的、具有公信力的专业认证体系，促进高等职业教育高质量发展过程中，新媒体技术可以从理念、机制和模式上，提供重要的技术支撑和工具保障。

### 一、理念上：重视数字素养，促进专业认证目标实现

"以学生为中心"是专业认证的三个核心理念之一。培养适应社会经济发展需要的高素质技术技能人才、能工巧匠、大国工匠，是高等职业教育的首要"中心"。数字素养的养成，对以学生为中心目标的实现具有促进作用。

（一）拓宽培养学生的能力范畴

在媒体深度融合的信息时代背景下，人才培养的目标和内容需要重视学生数字素养的培养和提升，培养学生数字获取、数字交流、数字创建、数字消费、数字安全、数字伦理、数字规范、数字健康等素养，注重培养学生使用、管理、评价和理解新媒体技术的能力。在实施过程中，根据新媒体技术不断更新和迭代的发展，定期更新、完善有关学生数字素养的教学、管理和科研内容，拓宽培养学生的能力范畴。

（二）提升多主体协同创新能力

高等职业教育实施过程中，应依托新媒体技术加强合作和分享，实现交互多层次的教育。更可以借助新媒体实现不同专业、不同主体之间的跨空间合作，完成协商和对话，在合作的过程中实现分享和创新。如温州职业技术学院联合《浙江日报》温州分社，共同打造了《课程微思政》等微课形式的视频课程。

### 二、机制上：完善师资队伍培养和制度建设，保障专业认证过程高效

从体制机制层面上对相关人才队伍建设和制度建设进行保障，强化治理体系和治理能力建设，是专业认证"形成持续改进机制"理念的直接体现。这些保障机制体系的完善，需要高等职业教育从新的技术视角，重新思考师资队伍建设、机构设置、制度建设，为专业认证过程的

高效实施奠定基础。

（一）完善师资队伍培养和引进机制

教育大计，教师为本。推进新媒体技术应用下的高等职业教育高质量发展，需要从师资队伍培养和引进机制上下功夫。一方面，在现有师资队伍的培养机制中，添加对新媒体技术应用的知识重构和能力再造工程，培养符合高等职业教育信息化发展的师资和管理队伍。如兰州职业技术学院举办的年度教师教学能力比赛中，会重点关注参赛者的新媒体技术能力建设。另一方面，引进高水平的新媒体技术应用型人才，聘请新媒体界的企业教师，完善现有校内师资在实践能力上的脱节和不足。

（二）完善机构设置和制度建设

通过校企合作，完善新媒体技术为基础的融媒体工作室等机构设置，承担专业教学、科研任务，同时兼顾第二课堂、竞赛培训和社会服务等职能，保障学生、教师和其他类型人员享受现代化、信息化、数字化教学、管理和科研创新等新媒体技术应用红利。落实立德树人的根本任务，根据对毕业要求和培养目标达成度、符合度评价结果，运用"持续改进"理念，建立健全和完善人才培养、质量控制等制度，利用新媒体技术，加强专业建设、课程建设，完善运行机制，推进高等职业院校内部治理体系和治理能力现代化建设，保障专业认证过程高效，促进高职教育高质量发展。

**三、模式上：关注教育体系内容构建与方法选择，促进专业认证结果的科学性**

"成果导向教育"是高等职业教育高质量发展的模式选择和应用导向，在高等职业教育发展中，教育体系内容的构建与实现方式是影响人才培养质量的关键要素之一，需要运用"成果导向教育"理念，切入新媒体技术应用，构建多元融合的课程知识构架和教学方式，这对于专业认证结果的科学性十分重要。

（一）构建多元融合的知识构架

依据学生应该获得的学习成果，完善课程体系和教学内容，构建多元融合的知识构架。一方面，在传统课程中注入新媒体技术元素。从课程内容资源呈现、知识传播载体形式和课堂视听体验等方面展开，应用更多的新媒体技术，如视频、音频和动画等。另一方面，在课程体系中加入新媒体的相关课程，如目前产业应用较多的移动应用、网络直播、社交媒体、短视频等各种新媒体形式相关内容。

（二）融入新媒体技术教学方式

在课堂教学中教师应该根据教学内容及教学目标，抓住媒体深度融合的优势，营造一个互动式教育环境。选用恰当的新媒体技术表现方式，采用线上直播配合翻转课堂、微格课堂、移动课堂、精品资源课平台等，构建一个线上线下互动融合的教学方式体系，有效帮助和保障学生获得预设的教学成果。如上海出版印刷高等专科学校与睿泰集团合作，打造的富媒体精品资源课平台。

# 第十章

# 职业教育高质量发展教学创新研究

## 第一节　大数据时代职业人才培养模式创新研究

目前大数据技术的发展使得高职教育与政府、社会力量、企业及第三方评价组织的联系更加密切，对提高民办高职院校的教育质量，客观把握高职院校服务社会的功能具有积极意义。民办高职院校的人才培养旨在为地区经济服务，增强区域经济文化基础，提高区域经济结构和创新能力水平。因此，民办高职院校必须在遵循人才培养规律的基础上，紧跟时代发展，融入时代背景。

### 一、大数据时代民办高职院校人才培养模式落后的原因

#### （一）发展理念日益模糊

我国民办高职院校在设立初期发展理念是明确的，多数是本着培养社会缺口人才的原则，或者在地方政府引导下建立。随着大数据时代的到来，民办高职院校所对口的社会经济需求发生了转变，许多高职院校的发展理念无法坚持或日益模糊，对社会经济的隐形因素把握不准，看不清产业的发展走势和院校与社会力量的交互趋势，片面强调在实践中增长专业技术，人才培育重数量不重质量，导致学生失去了竞争力，生源越来越少。

### （二）管理模式限制人才培养

民办高职院校的基本特征是核心管理机构不具备相对独立的教育资源，各教学（院）系分别履行不同的职能，通常是侧重教学。办学权力过于分散，难以规范管理，加上教学（院）系常常把专业设置看作一种创收手段，重经济效益，轻管理和投入，不利于民办高职院校长期而稳定地发展，也不利于在大数据背景下形成对人才培养模式的创新认识。①

### （三）对当前职业教育人才培养模式认识不足

当前我国职业教育对大数据时代的认识较为模糊，以为信息技术对教育的影响就是硬件建设，殊不知大数据时代已然由外延式发展进入内涵式发展的"新阶段"，其重要表现就是近年来的一系列国家战略强调社会各界协同发展、跨界交流，人才竞争由传统的质量竞争转为适应性竞争。内涵式发展是高职院校人才培养的必然趋势，民办高职院校应重新审视人才培养的内涵。

### （四）在人才培养目标方面存在偏差

过去高职院校虽然为企业和社会培养了诸多技能型人才与应用型人才，但是所培养出来的人才往往是相对单一的技能应用型人才。随着"创新型国家"目标的提出，我国对创新型的高技能人才的需求增加，民办高职院校的人才培养模式与国家人才战略目标存在较大的偏差。很多民办高职院校认为，高职学生入学分数线较低，文化素质一般都比较薄弱，对高职学生的培养就是提高他们的动手实践能力、技术水平，因此对高职学生的创新教育不太重视。

## 二、大数据时代民办高职院校人才培养目标

### （一）融入区域经济，兼顾三方需求设置专业

立足区域人才供应是高职院校的发展之本，特别是在专业设置方

---

① 郭建如，邓峰. 高校人才培养改革对大学生创新能力的影响［J］. 高等教育研究，2020，41（7）：70-77.

面，区域经济发展趋势各有特色，离不开政府层面、地方企业对人才的实际要求。需要注意的是，一旦政府发展规划明朗起来，企业转型的效率往往就会高于高职院校的人才培养方案转型，所以民办高职院校应与政府、企业在产业发展及专业设置方面保持健康深入的沟通，在专业设置、人才培养方案制订的过程中，广泛听取各方意见。同时，民办高职院校专业设置还要考虑学生的意见，在实际工作中倾听学生对专业设置的心声，落实产教结合。

（二）在区域经济发展中重构人才发展空间

"职业"是民办高职院校的定位基础，其人才培养的目标是适应某一类产业生产实践活动，民办高职院校人才培养理念对接产业结构需求是根本。高职院校应深度解读"以市场需求为导向"，在大数据时代下，区域经济发展面临着产业转型趋势，民办高职院校应严格把握市场人才需求与论证分析，通过深入的市场调研找准人才发展空间，以职业性原则为基础进行专业划分与设置，把握专业与职业之间的新型关系，利用不同学科间的交叉完成相似专业复合基础上的创新，提高教学资源利用率。

## 三、大数据时代民办高职院校教育改革对策

（一）丰富职业教学内容

在大数据时代背景下，职业教育的教学方法改革是一项系统工程，发展与创新离不开学习和汲取他人先进经验，一些国外职业教育教学理论如德国的行动导向教学、英国的能力本位教学等对我国民办高职院校深化教学方法改革具有较高参考价值。

此外，在大数据时代背景下，职业教学内容也应扩展到更多的相关领域，我们认为至少应包括职业岗位（群）的任职要求，职业资格标准，教材建设，教学内容，各种教学案例、习题、课件等。这就要求教材体现较全面的来自行业的新信息、新知识、新观念，一些来自职业岗位的新情况、新现象、解决问题的新办法也应尽快整合序化为实用教材。

（二）推广联合教学法

民办高职院校可利用企业提供的师资力量，引进适应国情的新教学方法，例如，推进民办高职院校教师顶岗实践基地建设，促进院校、企业双方师资力量的融合设计，对人才进行共同培养、共同教学，打破双方体制约束，推进"双主体"合作育人。如果民办高职院校、企业双方合作程度高，实训基地也可以通过聘用资深企业人员与职教机构指导教师合作教学，引进一些有特色的教学方法，加强学生对生产流程的内在理解，创新人才培养模式。

（三）加强"双师型"师资队伍建设

民办高职院校还应加强"双师型"师资队伍建设。目前的调查结果显示，大约86%的高职院校专业教师表示希望成为"双师型"教师，而"双师型"队伍的建设情况是一所高职院校在大数据时代背景下"产教融合"的标志。"双师型"队伍的建设对培养学生企业职业能力有直接促进作用，能够使毕业生专业知识更扎实、操作技能更熟练，对岗位职责了解更透彻，相当于企业直接应用成熟人才，更有利于民办高职院校在教学实践中进一步摸索人才培育创新之路。

（四）实践平台创新

为了提升民办高职院校的教学能力，高校应鼓励教师参与政府、企业主导的创新创业的项目，让教师通过实战成长，积累更多创新型教学的经验。相关企业也可以作为创新创业实践课程的平台，挑选有意向的学生进入企业，师生配合，学生可以在实践课程平台发挥自身创造力，教师也可以在实践课程平台积累教学经验，教学相长，更有利于创新创业实践课程平台的成长和丰富。

## 四、大数据时代高职院校的人才协同培养模式

（一）高职院校与政府协同的人才培养体制

高职院校聘请政府相关管理者、企业家、技术骨干等构建创业教育委员会，使其积极广泛地参与创业教育人才培育方案的制订、课程体系

的构建等环节，共同加强创业基地的建设。政府要为大学生创业优化政策环境，提供有力支持，循序渐进地形成与完善适应高职院校办学特色的、有关创业教育方面的校企合作机制。

（二）高职院校与企业协同的人才培养模式

加强创业教育师资团队的建设，聘请企业家或行业专家到高职院校开展讲座，讲述其创新创业的经历，既能活跃课堂的气氛，又能增加学生的认知。积极地打造与建设实训平台，健全技能实训体系，形成递进模式：首先为实验，之后进行实训，然后在岗位中实习。人才培养应以职业岗位的主要特征为依据，开展创新创业竞赛活动，实施仿真模拟、进行实践以及顶岗实习等，增强学生对职业及岗位的感受与体验。

（三）学生与教师协同的人才培养模式

教师要采取挂职锻炼等方式积累丰富的经验且使知识结构得以充分优化。实训基地对教师能力的提升也有极大的促进作用，实训基地可由实训教师和安全管理人员共同管理，具有中级以上职称的专业技术教师才能对实训基地负责，并且由专职工作人员来管理实训基地的日常事务，教师要通过实训基地推行学生培训上岗机制。对于优秀的技能型学生，进行严格的培训和考核后，可允许其参与实训管理。协同培养模式可以提高学生的实践水平，渗透行业企业发展所需要的知识、技能，彰显创新性与前瞻性，创新评教模式，有机地结合教、学、做、评等环节。在教育理念中，倡导行动的导向作用，以不同的教学模块为依据优化教学模式，有机结合现场教学、案例教学以及项目教学，强调过程化考核，着眼于课程实践、企业经营业绩、评价等多个维度的健全的课程评估体系。

## 第二节　新时代职业教学课程建设的创新发展研究

随着教育理念的不断更新，职业教育日渐成为被关注的焦点。为了更好地适应职业教育需要，做好高职课程建设与改革，让学生从教学中获得重要的专业知识以及专业技能就显得极为重要。本研究就职业教育视角下高职课程建设的创新发展进行探索，希望可以为高职课程教学的开展提供借鉴。

## 一、学生职业素养培养的重要性

### （一）有助于学生更好地走入社会

由于学生具有个体差异性，所以在开展相关教育工作的过程中，应当高度重视学生个性，认真贯彻并落实因材施教这一原则。关于学生的个体差异性，除了年龄、智力、特长、性别、爱好的差异之外，还应将价值观、生理与心理发展特征等方面的差异包括进来。所以，在开展高职教育工作的过程中，应当高度重视学生个体差异，将良好的外部教学条件提供给每个学生，注重依据教育与教学规律，开展科学、高效的引导与训练工作，促使个体得到发展，使其成为具备一定创新与实践能力的高级技术人才。对学生职业素养进行科学培养，能帮助学生更好地适应社会、步入社会。

### （二）有助于社会经济的发展

当前社会正朝着知识经济时代与学习化社会发展，各个国家都非常重视高科技化、理性化、学习化与竞争国际化等内容，随着这些综合任务的推进，一些传统的岗位正在被逐渐取代，社会各界越来越重视劳动者综合能力与个性特征的发展。在知识价值链中，客观的专业性技术知识占据至关重要的地位，越来越多的年轻人考取多个行业的准入资格。高职院校在对学生职业素养进行培养的过程中，对相关职业技术教育体系进行了建设。职业技术教育体系具备一定开放性，学习者除了掌握岗位要求的知识与技能之外，还应具有健康的职业心理与终身发展能力。

由此可见，学生职业素养培养活动的开展，能够加快推动社会经济的发展与进步。

（三）有助于职业教育时代进步

在职业教育时代中，要求关注个体的全面和谐发展，主要是为了实现学生的整体发展。人的最高价值体现就是教育，教育具有终身性。

个体具有一定的自我目的性，教育活动的开展能够激发学生的潜力，提高学生的能力，并对其自我性、主动性，抽象归纳能力、理解力与创造力进行培养，确保其做出的选择具有一定意义。高职教育将学生综合能力的提升作为重点培养方向和目标，并通过职业素养培养活动，实现学生整体职业素质的提升，进而推动职业教育的发展与进步。

## 二、高职课程建设中存在的问题

### （一）与职业发展要求的联系不够

在当前社会中，社会分工更大程度上取决于个人自身能力与受教育水平。当代社会分工的主要机制来源于教育层次和职业定位，学校教育明显影响着社会分工，但是长时间以来，职业教育与普通教育，特别是学术教育处于不平等地位。在社会分工中，职业教育系统的毕业生，主要从事一线工作。长期以来，职业教育对学生的终身学习与可持续发展不够重视，导致高职学生在步入工作岗位以后的个体发展呈现出某种片面性。在开展高职课程建设工作的过程中，教师通常只根据教材内容要求学生对一些理论基础内容与实践技术进行学习，这样很难适应未来工作岗位的要求，也不利于学生未来的学习与工作，影响其职业发展。

### （二）高职课程教学目标清晰度不够

关于高职课程的教学目标，应当进行进一步明确。高职课程的开展主要是为培养学生的职业技能和职业素养，扩充学生的专业知识，进而使其深入掌握自然学科、人文学科与社会学科的知识，熟悉不同学科、不同课程以及不同知识间的关联，构建自己的知识框架。与此同时，教师还应当充分发挥自身的引导作用，帮助学生运用所学知识对事物做出科学分析。目前，高职课程的教学目标比较模糊，针对不同类别的学生，未设定具体目标，未明确要提升哪些方面的能力。

### （三）实践教学开展存在不足

在开展具体教学工作的过程中，教师通常依据学科本位理论体系对课程内容进行设置。高职课程具有一定的职业性、应用性、技术性与整体性，但在课程教学过程中，教师往往只是运用传统的教学方式方法，将理论知识放于教学重要位置，不注重实践教学。教师居于主体地位，主导整个课堂，学生参与度非常低。

当前，社会与经济处于突飞猛进的发展阶段，技术、设备与产品更新换代速度非常快，一些高职院校的校内实训中心，基本上是"过时的"。由于实训设备不能及时更新，学生对新知识与新技术的学习深受影响，学生很难就具体操作技能进行科学训练，从而阻碍了学生的发展。

### （四）职业教育理念在课程中的渗透不足

新技术的深入发展，生成了许多新兴的高技术产业，促使整个社会的产业结构发生了明显变化，从业人员由传统产业部门向新兴产业部门特别是新兴知识、信息产业部门转移，引发了大量职业变化与人才流动。目前的就业情况显示，非正规就业所占的比例在不断增加。社会个体要想获得生存型职业，进行职业流动活动，其必要手段就是终身学习与成人的回归性学习。职业教育的重要使命就是劳动力的转移，然而，在开展具体课程建设的过程中，虽然课程改革工作在不断进行，但是教师往往只注重对课程内容的讲解，不注重职业教育理念的落实，致使学生不能掌握最新的职业教育理念，导致学生难以适应社会，不利于学生未来的工作与学习。

## 三、职业教育视角下高职课程建设的创新发展

### （一）强调高职课程建设与职业发展的紧密结合

在职业教育视角下，为了能够将高职课程建设与职业发展紧密联系起来，专业设置应当适应地方产业发展需求。在对专业课程进行设计的过程中，应当依据产业发展需求情况，确定具体内容。针对各个专业，

应当开展规范化的人才需求分析工作，通过动态化管理，提升课程设置的科学性、合理性与针对性，通过市场化提升专业建设的标准化程度，利用信息化增强课程建设的现代化，确保专业课程能够与地方产业发展需求相适应。

高职教育不仅属于教育范畴，还属于经济范畴。高职教育是一种就业导向教育，主要负责高技能人才培养，进而服务一线经济建设工作。高职教育的成就不能通过学术成果体现出来，而是通过经济建设表现出来。这就要求高职院校在开展课程建设的过程中，要更多地关注对地方经济发展以及学校内涵发展的服务，注重对社会物质与智力资源的优化整合与开发利用，通过产学研相结合的开放式专业建设道路将课程建设与职业发展紧密联系起来。要想将高职课程建设与职业发展紧密联系起来，在进行高职课程建设时就应当注重创新培养目标，注重对高技能人才进行培养。针对不同的专业，应当依据本专业的具体情况，认真开展职业分析工作，对具体知识、能力结构与职业素质进行明确，提升各个专业培养目标的具体化与个性化程度。

（二）课程教学目标应日渐清晰

在开展高职课程教学的过程中，教师应将知识内容的讲解与实践操作紧密联系起来，以实现学生综合素质的提升，为学生的可持续发展奠定良好基础。高职课程的教学目标，应当与当今时代对创新人才的具体需求紧密联系，依据社会产业结构，对具体需求做出调整，这样教师在开展教学的过程中，就能够与高职教育的特定规律密切关联起来，促使高职课程教学目标变得更加清晰。

职业教育视角下的高职课程教学目标应当与高职学生的个体特征紧密联系起来。针对不同的学生对具体课程的教学目标进行设置，确保所有学生都能得到不同程度的提升。为了确保学生能将理论知识与实践紧密联系起来，在对课程教学目标进行设计的过程中，除了要重视理论教学之外，还应当高度关注实践操作，不断提升对学生实践操作的重视程度，进而为学生的整体发展创造良好条件。

（三）加大实践教学的优化推进

在对高技能人才进行培养的过程中，要加快推动学生创新能力的培养与提升解决问题的能力，这就要求教师对学科进行完整的、系统的学习，帮助学生提升综合职业能力。在这个过程中，教师还应掌握与职业相关的经验、知识和技能，将理论与实践结合起来。在开展具体教学工作的过程中，教师可以交叉设计专业课与实践课，培养学生应用型技术与现场操作技能，实现教育与生产劳动相结合的延伸与拓展。将教育与生产劳动紧密联系起来，能够加快推动我国职业教育的改革与发展，进而加快高等职业技术教育特色课程体系的建设，促使学生就业、升学、个性发展与职业规划的需求得到满足。

除此之外，在实训课程中，校内实训基地这一环节发挥着重要的作用。针对实训使用频率较高的关键设备，学校应当设专人管理，及时做好设备的维护工作。依据高职教育特征强化开展实验室和实习、实训基地的建设工作，实现配套的软硬件设备现代科技含量的提升，进而对实践教学体系进行高科技、现代化、信息化建设。因为新技术与新知识更新换代速度非常快，为了实现高职教育与企业实践的紧密结合，学校还应当注重与企业的交流和合作，创建稳定的校外实习、培训基地，将学生当下的学习内容与日后工作紧密联系起来，促使其在学习与实践中实现综合素养的全面提升。

（四）实现课程教学中职业理念的渗透

职业教育主要是对个体的职业能力与职业素养进行培养，促使其顺利步入未来的职业生活。职业环境的变化，要求高职院校对学生的综合性职业能力进行培养，进而为学生职业能力的可持续发展创造良好条件。这就需要在高职课程建设的过程中，立足于学生终身学习能力的培养，促使学生在掌握专业化职业技能的同时，具备一定的职业转换能力，将学生学习的主体性凸显出来，实现对自身综合能力、综合素养的提升。在开展具体课程建设的过程中，还应当将"育人"这一理念充分体现出来。面对企业生产环境、管理环境、人文环境与人际交往环境，要求学生能够依据具体生产项目、工艺、规范、操作要求等参与企业管理与经营，从而实现身份转换，成为职业人与社会人。

在这个过程中，除了职业操作技能训练之外，还应当培养学生协同与交流、合作与竞争的能力，使学生树立正确的人生观与价值观，提升其综合职业能力，为企业培养高素质、高能力的现代化职业人。

## 第三节　物联网时代的信息化教学方法研究

计算机技术的飞速发展，对教育教学方法产生了变革性的影响。对信息化教学方法的研究是时代引领下的新课题，也是职业教育教学改革的创新实践。本节通过对物联网技术应用技能竞赛进行研究和分析，列举了物联网竞赛课程的研究目的和意义，讲述了物联网竞赛课程的信息化研究过程，推动了教学方法现代化和教学技能规范化。在分析了竞赛课程硬件和软件的配置过程后，我们将信息化教学手段应用到了课程的实施上，并将传统物联网竞赛课程教学方法和信息化教学方法进行了对比，证明了信息化教学手段在物联网竞赛课程实施过程中的优越性。在此基础上，我们通过以赛促学，理论和实践并重，培养出了一批动手实践能力强、技术能力规范、应用技能突出的学生。

### 一、物联网竞赛课程的教学过程

物联网竞赛过程分为硬件安装和软件设计两部分，硬件安装包括物联网工程环境安装部署、物联网感知层设备配置。软件设计包括物联网工程设计、PC 端应用开发和移动应用开发，另外还有小部分考核参赛选手在职业规范、团队协作、组织管理、工作计划、团队风貌等方面的职业素养。信息化教学方法的应用使教学效率明显提高，激发了学生的学习兴趣，从以教师为主导的学习转变成学生自主学习，学生的学习能力得到了提升。

我们可以将教学过程分解成一个一个的模块，每个模块都有对应的操作视频，学生可以根据自己的进度在线学习，然后挑选时间线下操作。学生学完所有模块后将自己的问题记录下来，教师选择空闲时间对学生的问题进行集中答疑，并发布下一阶段的学习任务。这种竞赛课程分解教学的模式，让学生处在了主体地位，同时减轻了教师的负担。

### 二、传统教学方法和信息化教学方法的对比

传统的教学方法提倡以教师为主导的课堂教学，这种方式要求教师在一节课的时间内充分引导学生学习。在教学初期，我们没有探索到更好的教学方法，还是以传统教学方法为主，但是经过半年的授课，我们发现学生只能停留在基本的跟学状态，并不能发散思维，不能自己进行设计和布局。我们从中得出结论，传统的教学方法并不适合以实践操作为主的物联网竞赛课程。

由于该课程涉及物联网多方面的知识和能力，要求学生消化教学内容并自主学习，所以网上授课+线下辅导的教学方式更能激发学生的学习活力和创造力。我们有完整的教学视频和文字资料供学生在课余时间进行学习，教师并不会全程看管式地教学，学生在自主学习和操作后有疑问时才会提问，教师会把问题集中起来选择时间答疑和操作指导。这种教学方式已经进行了半年的实践，结果比预想的好，学生能自主到实训室进行练习，并通过"老带新"的方式带出了一批比较优秀的后备力量，互相督促的学习氛围使学生能更好地掌握细节知识。

### 三、信息化教学方法的应用

在完成初步的信息化教学资料准备后，我们对即将参加 2020 年比赛的学生进行了训练，训练以学生自主学习视频为主。学生边看视频边练习，加深了记忆，同时也掌握了相关知识点和技能。在校赛举办的过程中，我们发现这批学生有很强的应用自主性和创新性，也都取得了不错的成绩，这也证明了老师的这种"放手式"教学对高职教育来说是

一种新的碰撞和机遇。

比赛的最终成果可以是智慧城市的某一个部分，我们在课程训练中也设计了诸如环境监测模块功能演示、智能商超模块功能演示、社区安防模块功能演示、社区广播模块功能演示、智能路灯模块功能演示、智能农业模块功能演示等视频资料。学生可以在学完视频资料以后，逐一选择各个功能模块进行学习，并在平台上进行练习。

如何衡量信息化教学方法的应用是否合理，调研组认为可以从以下几方面入手：（1）观察学生的学习效果是否有所提高，比如，学生的学习成绩、学习效果是否符合培养方案设定的要求，创新性是否被激发等。（2）教学方法是否便捷，包括教学计划是否可以根据具体的教学情况进行修改，教师能否轻松地应用教学计划中所涉及的技术，并获得相应的软硬件支持。（3）信息化教学平台是否能和教学过程有机结合，教学平台是技术手段，应该是服务于教学过程的，如果教学技术和教学过程相互独立，那就不是有效的学习过程。

综上所述，对物联网竞赛信息化教学方法的研究，一方面，可以提高学生的学习能力，加强其对物联网应用技术专业知识的掌握。另一方面，可以转变教师在课堂中的主导地位，提高课堂教学的效率，同时也提高了人才培养水平。教育工作者应该不断创新，不断研究，分析新的教学手段，推动职业教育教学资源现代化的创新探索和经验开发，促进现代优质高职教学方法的共享。

## 第四节　职业教育专业人才培养"双边融园"模式探究

人生百年，立于幼学。学前教育作为一项重要的社会事业，是终身教育的基石。幼儿教师作为幼儿身心发展的启蒙师，其素养直接决定着学前教育质量的高低，"强国必先强教"已成为共识。重庆传媒职业学院作为铜梁区唯一一个全日制大学专科层次的幼儿教师培养基地，在三年的教学实践和专业建设中摸索出了一套学前教育专业人才培养新模式——"双边融园"模式，旨在短时间内提高学前教育专业的学生的专业技能和素质，努力实现其与正式的幼儿教师的"无缝对接"。

## 一、问题的提出

### （一）学前教育的发展为园院合作提供了机遇与挑战

21 世纪以来，我国的学前教育获得长足发展，普及程度逐步得以提升。2011 年以来国家的"学前教育三年行动计划"、2017 年 4 月"第三期学前教育三年行动计划"相继出台并实施，学前教育的发展迎来了真正的春天。2018 年 11 月，《中共中央、国务院关于学前教育深化改革规范发展的若干意见》明确指出，到 2020 年，全国学前三年毛入园率达到 85%，普惠性幼儿园覆盖率（公办幼儿园和普惠性民办幼儿园在园幼儿占比）达到 80%。由此可见，普惠性民办幼儿园办园的规范和数量的增长为园院合作培养提供了机遇，但如何在短时间内实现高职院校学前教育专业学生与幼儿园岗位的"无缝对接"也随之成为亟待解决的重大问题。

### （二）"融园模式"双边作用显著

"融园模式"是一种全新的培养模式，需要理论与实践的结合、园院的全程互动，从而引领幼教双基建设。"融园模式"依托阿坝师范高等专科学校基础教育系郑国庆教授带领的教学团队，在学习、借鉴金华职业技术学院成军教授的"走园模式"、浙江师范大学杭州幼儿师范学院秦金亮教授的"驻园模式"的基础上，经过长时间的实践探索总结出的一种幼儿教师的培养新模式。"融园模式"将幼师生培养与幼儿园融为一体，区别于单纯的"走园模式"和"驻园模式"，双边性明显。作为一种双边行为，能够有效地将"走出去"和"引进来"有机结合，达到互利共赢的教学成效。

综上所述，无论是从国家层面来看，还是从高职院校及幼师生的人才培养模式来看，都需要我们切合自身的实际情况对当前园院合作的发展模式进行探究与实践，"融园模式"的成效发挥需尊重现实、因地制宜、整合融通、全程互动，从而实现园院合作的双边效益。

## 二、"双边融园"模式概况

"双边融园"是重庆传媒职业学院在"融园模式"的基础上，结合近三年的教学实践和专业建设逐步形成的全新的园院合作模式，重点突出"双边性"。"双边融园"模式依托重庆传媒职业学院学前教育专业"爱·勤·朴·创"的专业建设理念，提倡学前教育专业的学生除了在学校进行理论学习，还需不定期地到幼儿园听课、评课、观摩和参与幼儿园一日活动等。学前教育专业的教师除了在校完成自己的教育教学工作外，还要不定期地到幼儿园参与幼儿园的观摩、评课和组织幼儿园教研活动。学前教育专业的教师和学生虽然属于高等教育体系的一部分，但同时他们也是实习、实训基地——幼儿园的教师和实践者。实习、实训基地幼儿园的教师和小朋友也不定期到重庆传媒职业学院开展各类活动，实习、实训基地幼儿园的教师和小朋友也是重庆传媒职业学院学前教育专业的教师和学生。此外，重庆传媒职业学院不仅承担学前教育专业的学生的职前培养任务，而且还深入各类幼儿园，建立"一对一"在校教师的跟岗制度，负责幼儿园教师及园长的培训任务，实现了幼儿园与学前教育专业双边融合为一体的模式。"双边融园"作为一种双边行为，互利共赢，更加突出内在和本质，是重庆传媒职业学院力争实现高职教育与基础教育有效结合的大胆尝试。

## 三、操作方式

学生与实习、实训基地两方面的"双边融园"操作过程是以学期和学年为单位的。大学三年均以基础课程为主，如钢琴基础、舞蹈基础、乐理基础、美术基础等，旨在培养学生的从业基本能力。重庆传媒职业学院学前教育专业将自身的专业理念融入学生从业基本能力，并将从业基本能力分为"十二艺"，分别为"能唱会跳、能弹会画、能演会讲、能说会做、能教会育、能编会创"。

大学一年级（第一、二学期）两个学期主要是打基础，注重师德师风的养成。大学一年级特别是第1学期要求学生不定期到幼儿园，实现形式以半日活动观摩为主。学生通过走访幼儿园，了解幼儿园教师的事务性和常规性工作，培养其热爱幼儿教育事业、热爱孩子的基本信念，树立正确的教师观和儿童观。第二学期，学生每月至少自行前往幼儿园一至两次，参与幼儿园的活动，结合所开设课程进行实践。如结合本期开设课程"学前儿童卫生学"，到园观察幼儿在来园、离园、盥洗、饮食、睡眠，以及户外活动、游戏活动过程中的保健与生活护理，学习如何组织安排幼儿一日生活的各环节，协助幼儿园保育员做好卫生、安全等工作。

大学二年级（第三学期），每月不定期参与幼儿园活动（可选择幼儿园来校组织和开展户外活动或者亲子活动）1次，并按要求填写"重庆传媒职业学院学前教育教学实践手册"第12页中关于"幼儿园教育活动评析记录"的相关表格，从活动名称、活动目标（三维度）和活动过程中教师指导和幼儿表现以及活动评价等方面做出专业完整的记录。第四学期，每月每班分派学生前往实习、实训基地完成脱产的月见习，其余同学完成周见习，学习如何制订教育教学工作计划（包括周计划和日计划等），尝试完成教学活动设计、玩教具制作、幼儿活动实际组织等环节，重点学习如何设计和组织教学活动、游戏活动、生活活动，如何在幼儿生活以及各项活动中培养幼儿品德，促进幼儿全面发展。

大学三年级（第五学期），每周1次不定期到幼儿园听课、备课并参与幼儿园活动和工作。有意向地选择校外指导教师，有针对性地进行备课和听课，了解本班幼儿的家庭情况和幼儿园所在社区的基本情况，听取家长和社区对幼儿发展的意见，学会与家长沟通并组织家园联系活动，尝试根据幼儿的特点对家庭教育提出建议等。第六学期顶岗实习。

现代教育技术突飞猛进，促使高职院校的传统教学模式发生了深刻转变，并且促进了现代高职院校改革工作的高效开展。在进行高职课程建设创新的过程中，应当对现代教育技术关于高职院校所产生的变化进行深刻体会，通过科学、先进的教育理念以及相关创新措施，将广大教师工作的积极性与主动性调动起来，为高职课程建设做出重要贡献，加快推动我国职业教育的可持续、稳定、和谐发展。

第十一章

# 职业教育产教一体化创新研究

## 第一节　产教深度融合，激发无限活力

职业教育离不开企业的参与，企业是职业教育重要的办学主体。产教融合、校企合作是职业教育的办学特色，近年来，山东电力高等专科学校依托产教一体、企校合一的优势，充分发挥企业办学主体作用，促进了电力人才培养供给侧和企业需求侧结构要素的全方位融合，提高了人才培养质量，服务了国家电网有限公司（简称国家电网）的高质量发展。深化产教融合，促进教育链、人才链与产业链、创新链有机衔接，是推动教育优先发展、人才引领发展、产业创新发展、经济高质量发展相互贯通、相互协同、相互促进的战略性举措。

本章分别从创新实施现代学徒制、创新办学体制机制、打造世界一流企业培训体系、校企合作等方面阐释了产教深度融合问题，体现了"产教一体是根本"。

### 一、案例背景

国家大力推进职业教育改革，尤其在深化产教融合方面，陆续出台了一系列政策和支持举措。2014 年 6 月，国务院下发《国务院关于加快发展现代职业教育的决定》（国发〔2014〕19 号）指出"要推进人

才培养模式创新，坚持校企合作、工学结合。开展校企联合招生、联合培养的现代学徒制试点"，为职业院校开展人才培养模式改革提供了有力的政策支持。2015 年，国家电网发布《国网人资部关于做好 2015 年艰苦边远地区"订单+定向"培养工作的通知》，组织山东电力高等专科学校、西安电力高等专科学校、四川电力职业技术学院开展"订单+定向"下现代学徒制人才培养，旨在解决艰苦边远地区供电企业生产一线人才短缺问题。山东电力高等专科学校（简称山东电专）牢牢把握此次难得的机遇，将国家政策和企业需求有效结合，主动与国网蒙东电力、国网新疆电力合作，在供用电技术和电力系统继电保护两个专业推行现代学徒制人才培养模式试点改革，当年从两地分别计划招生 50人、60 人，单独组班，量身定制人才培养方案，采用现代学徒制模式开展人才培养。随后山东电专不断拓宽现代学徒制试点合作渠道，先后又与国网北京电力、国网浙江电力、国网综合能源服务公司合作，建立了常态化的校企合作机制。截至目前，山东电专共培养三届 434 名毕业学徒，为国网新疆电力、国网蒙东电力等艰苦边远地区企业的生产一线培养了一支"上手快、下得去、留得住、用得上"的高素质技能人才队伍。①

经过五年的运行实施，试点在校企协同育人机制落实、课程体系构建、教学模式运用、培养过程管控、培养质量认证等方面进行了探索和实践，取得了良好效果，并于 2017 年成功申报成为山东省第三批现代学徒制试点。

**二、案例典型做法**

（一）推进校企责任"双主体"

校企双方牢牢把握现代学徒制人才培养的内涵，一是按照"招生

---

① 曹井新，温红真. 构建创新型国家视角下高职院校教师创新能力培养研究与实践 [J]. 职业技术，2020，19（7）：61-65.

即招工、入校即入厂"的定位,签订校企"双主体"现代学徒制协议,明确校企双方职责、分工,推进校企紧密合作、协同育人。二是共同研究建立了学徒培养成本分担机制,建立健全了实训基地建设、人才培养管理、质量评价等保障措施。三是建立灵活的人才流动机制,推动教师、技术人员双向挂职锻炼,开展学徒培养管理,共同承担管理责任。

(二)推进招生招工一体化

通过校企之间的相互协商,制定了《现代学徒制招生招工一体化管理办法》,明确招生章程、招生标准、录取细则等,形成现代学徒制招生与招工一体化机制;组建招生小组,精心策划宣传方案,共同开展招生宣传;按照双向选择原则,学徒、学校和企业签订三方协议,明确学徒的学校学生和企业员工双重身份,确定了各方权益及学徒就业岗位、学习内容、权益保障等。

(三)创新设计人才培养体系

组织山东电专教师和企业专家现场共同研讨,精准提炼岗位典型工作任务,构建基于岗位工作过程、突出核心职业技能的"双证书"人才培养方案。现代学徒制人才培养按"1.5+1+0.5"的模式划分教学内容和工作内容,实现工学交替、训教结合、岗位训练、岗位成才,即第一、二、三学期共1.5年学徒完成必备基础知识学习、职业素养和职业技能的训练。第四、五学期共1年参照企业新入职员工培养要求主要进行职业技能实训,获取相关职业资格证书。第六学期为0.5年,学徒赴企业,通过师傅带徒形式,进行岗位工作训练,实施岗位培养,并由企业师傅和学校教师共同指导学徒毕业设计,实现毕业生到员工的"零"过渡。

(四)坚持全过程"双师"培养

校企双方建立了专兼结合、校企互聘共用的"双师"团队,对学徒进行全过程"双师"培养。企业选派优秀高技能人才参与教学,开设企业文化课程、岗位技能专业课程等。校企共同制定了现代学徒制师傅管理办法,组织开展拜师仪式。在识岗学习、顶岗训练、毕业设计期间，实施学校教师和企业师傅"双导师"制，共同指导学徒岗位训练、毕业设计，共同组织毕业答辩。

（五）共同建立质量监控机制

根据现代学徒制的育人特点，融入立德树人要求，校企共同制订了学徒管理办法，实施德智体美综合量化考核；完善岗位训练标准，制定识岗学习、顶岗训练考核要求，切实同生产现场工作标准对接。校企共同参与学徒培养质量管理，联合制订岗位训练考核评价标准，将教师评价、企业导师评价、企业评价相结合；同时对考核情况及时跟踪、评价和反馈，提高学徒学习的积极性、主动性，培养高素质、高技能"忠诚员工"。

### 三、案例创新与亮点

（一）构建"五双"特色的校企协同育人模式

按照职业教育"产教融合、校企合作、工学结合"的办学思路，山东电专的现代学徒制培养打破了传统的"学校一管到底"的模式，推动国网新疆电力、国网蒙东电力等企业多种方式共同进行人才培养。校企相互配合，进一步明确学徒培养的责任和分工，落实培养责任"双主体"。山东电专以职业教育要求为根本，策划基本素质和岗位能力训练方案。企业以生产过程为导向，编制岗位训练计划，实施培养计划"双方案"。校企选派师资共同进行人才培养方案开发、教学设计、教学实施、教材开发，实施培养过程"双导师"。共同确定生产性训练场所和方案，实施培养地点"双场所"。共同制定人才培养质量评价标准和跟踪培养评估办法，实施培养效果"双认证"，打造现代学徒制"五双"特色，实现"工学交替、训教结合、岗位培养、岗位成才"的育人模式，人才培养精准、快速、到位。

（二）重构对接产业链的知识与技能体系

通过深入的调研分析，精准把握与专业相关的岗位知识和技能需求，以岗位胜任标准重新设定培养目标，同步重构知识体系。在通用能力知识体系设计上，注重企业文化、职业素养、岗位通用知识和技能的学习；在核心能力知识体系方面，以涵盖岗位典型工作任务的课程为主要内容；在拓展能力知识体系方面，充分考虑岗位群中关联岗位能力标准要求，增加相关学习内容，切实培养学徒熟悉岗位知识，锤炼岗位技能，实现岗位成才。2019 年，山东电专积极落实"课程思政"根本任务，组织深入挖掘提炼各类专业课程所蕴含的思政要素，重新设计了内容载体，优化了课程标准。

（三）建立具有产教融合特色的资源体系

合作企业积极承担育人责任，每学期主动选派 10 余名专家来校参与授课，进行企业文化宣讲，传授岗位知识和技能。对于 2015—2017 级学徒，企业为学徒配备了 170 余名师傅，指导学徒在校期间的岗位技能训练、顶岗工作训练及毕业设计，校企共同打造了一支素质优良、专兼结合的师资队伍。校企共担教学资源开发工作，共同开发基于情境任务式课程标准 40 余门、行动式教材 20 余本，编制基于岗位标准的实训作业指导书 30 多项、网络课件 100 余个，初步建立了凸显企业特色、突出岗位特点的教学资源库。学校教师与企业专家共同策划设计，在校内先后建成国内一流的实训智能变电站、继电保护实训室、营销服务实训室等 30 余个实训室（场），有力地支撑了学徒的岗位能力训练。

（四）深化"做、教、学"一体化组织方式

山东电专大力推进课堂组织方式改革，深化应用"做、教、学"一体化教学方式，以岗位工作任务为驱动，让学徒在"做"的过程中，提高动手能力；在"教"的环节，通过教师讲解和演示，加深知识和技能的理解；在"学"的环节，组织分组研讨，促进知识和技能的吸收。

在效果考核环节，采取过程考核和结果考核相结合，既注重对学徒专业知识与技能的考评，又加强对学徒具体学习过程的掌控，促使学徒改变"平时不学，临阵磨枪"的习惯，改进其学习的方式方法。

（五）成功探索校企人才培养成本共担机制

充分发挥现代学徒制"校企双主体"的作用，山东电专和合作企业针对学徒培养成本分担机制进行研究探讨。学校主要承担资源建设投入，包括校内实训设施建设、教材课件开发以及教学管理产生的费用。企业则承担学徒在校期间产生的所有成本，包括学费、住宿费、实训费、保险和交通费、教材费等，按月向学徒发放生活补贴。校企费用共担机制缓解了学徒及其家庭的压力，增强了学徒对企业的认同感和归属感。

### 四、案例的实施成效

#### （一）试点取得丰硕研究成果

山东电专的现代学徒制人才培养工作办得有声有色。依托试点提炼形成的《"行企校"一体化办学模式创新与实践》项目荣获 2018 年山东省教学成果特等奖，公开发表了《关于"学校—行业—企业"融合办学的创新与实践》《"现代学徒制"人才培养模式的认识与思考》等多篇论文，试点的创新举措正逐渐固化成为理论经验。

#### （二）试点成效被广泛推广

2017 年，国家电网报进行了题为《校企同努力育才为边疆》的宣传报道，山东电专现代学徒制培养模式已获得国家电网的充分肯定和高度认可。2018 年，经国家电网批准，山东电专牵头国家电网系统内部职业院校开发现代学徒制人才培养方案。2019 年，牵头组织编制国家电网职业院校行动式教材，将成熟经验在国家电网内推广，进一步提升电力行业人才培养质量。

#### （三）培养模式获得企业高度认可

学徒来自当地生源，毕业后在当地电力单位工作，解决了"留得住"的问题。在学徒制培养模式下，学徒作为"准员工"，在毕业前能够多次赴就业单位进行识岗、跟岗、顶岗，在步入工作岗位前就熟悉了岗位知识和技能，具备了较强的岗位胜任能力，这对企业来说是一支毕业就能"用得上"的技术技能人才队伍，有效地解决了企业边远地区员工队伍整体性缺员和结构性缺员的突出问题。

#### （四）建立了巩固的校企合作平台

山东电专和企业共同建立了现代学徒制人才培养共同体，共同出谋划策，共同督促实施；共同建立专兼结合的双师型师资库，共同开发教学资源，特别在具体教学过程中，组织企业管理人员、生产技术专家担任兼职教师，与学校教师配合，不断更新授课内容，完善教学资料，规范操作流程，极大丰富了专业的教学资源。目前，校企建立了通畅的沟通平台，为进一步深化推行现代学徒制人才培养工作，实现学校、企业和学徒三方共赢提供了保障。

（五）解决了精准扶贫问题

脱贫攻坚，教育先行，与国网新疆电力、国网蒙东电力合作实施的现代学徒制试点项目是学校贯彻执行国家脱贫攻坚这一重大政治任务的重要举措。新疆维吾尔自治区作为山东省对口帮扶省区，通过校企合作培养学徒，不仅解决了艰苦边远地区适龄人员上学难、就业难的问题，还为当地培养了技术技能人才，为当地电力发展提供了可靠的人才保障。该成果作为东西帮扶案例获得全国扶贫宣传教育中心优秀奖，形成东西帮扶教育扶贫的品牌。

## 五、不足及改进计划

自山东电专实施现代学徒制试点以来，校企共同组织召开座谈会20余次。2019年先后组织两次深度调研，对毕业学徒成长进行深度调研和回访，深入了解和掌握了现代学徒制培养的意见和建议，需要改进和完善的方面有如下几点。

（一）优化学徒培养质量管控机制

在山东电专与企业合作实行的现代学徒制人才培养模式下，学徒作为"准员工"，入学就确立了就业单位，与普通专科生相比，缺少了就业的压力，学习动力相对不足。下一步，山东电专将和合作企业共同深化学徒培养质量研究，探索将过程考核成绩与企业补助发放指标挂钩，将年度总成绩作为重要影响因素纳入岗位准入指标，激发学徒内在动力，进一步提高培养效果。

（二）强化学徒毕业后的跟踪评价

毕业学徒已步入工作岗位，得到用人企业的初步认可。从长远来看，还需要山东电专和企业持续关注毕业学徒的发展，共同探索跟踪评价机制，联合开展3~5年的"回头看"活动，在跟踪评价的过程中寻找提升点，推动现代学徒制人才培养工作再上新台阶。

（三）落实职业资格书证融通

基于岗位工作过程的人才培养为开展学徒职业技能等级评价奠定了基础，满足了企业对学徒能力培养的需求和学徒提升自身素质的期望。下一步学校将依托作为国家电网技能等级评价指导中心的资源优势，与企业联合开发学徒职业技能等级证书、标准及配套学习资源，共同开展技能等级评价工作。同时，学校与企业研究制定岗位任职资格认证标准，探索将高压电工证、高空作业证、计算机等级证、中国少数民族汉语等级证书等纳入学徒上岗考核内容，进一步拓展学徒职业能力素质。

（四）深化校企"双场所"育人机制

目前，学校依托优质的实训条件，安排学徒在校内进行岗位技能综合训练，并将识岗学习和顶岗训练安排在企业生产现场。通过调研结果来看，现场工作训练非常重要，也是实现岗位培养、在岗成才的重要途径。下一步校企要进一步探索构建协调机制，落实现场工作训练的有效方案。同时，优化企业师傅激励机制，加强师傅的指导作用，促进师傅在学徒培养过程中发挥更大作用。

## 第二节　以企业为主体，创新办学体制机制

职业教育离不开企业的参与，企业是职业教育重要的办学主体，也是电力职业教育办学的特色所在。近年来，党和国家支持将企业引入职业教育教学的各个环节，其主要目的是发挥行业企业在产业发展规划、人才供需、学校发展规划、专业布局、课程体系、评价标准、教材建

设、实习实训、师资队伍等方面的指导作用，进而提高职业教育人才培养的针对性和适应性，推动企业与学校双赢发展。①

## 一、实施背景

《国家职业教育改革实施方案》（简称《方案》）明确指出，职业教育与普通教育是两种不同的教育类型，具有同等重要地位。作为一种教育类型，职业教育的显著特征是跨界与融合，既要有知识与技能的融合，又要有教育领域与产业领域的融合。为此，该方案特别指出"职业教育要由参照普通教育办学模式向企业社会参与、专业特色鲜明的类型教育转变"。具体而言，就是要促进产教深度融合、校企协同育人。因此，职业院校必须着眼发展的重点和"痛点"，创新办学体制机制，着力解决职业教育面临的突出困难和问题，加快建设具有中国特色、世界水平的现代职业教育。

电力职业教育具有鲜明的类型特征。国家电网举办 12 所电力职业院校，除山东电力高等专科学校与国网技术学院合署办公外，其余均与所在省级电力公司的技能培训中心合署办公，是一种"企业+学校"联合培养的"双元制"职业教育模式。在这种模式下，企业既是投资主体，又是用人主体；学校既是教育主体，又是企业培训运营管理主体。在岗实训环节以企业为主，教育环节以学校为主，是典型的具有互补教育培训功能的"产教一体"的职业教育和培训一体化模式，相对于当前所提的产教融合，更能贴近产业实际，并且可以实现学生的"三职并举"，即职前教育（校内学历教育）、入职教育（公司新入职员工教育）、职后教育（公司技术技能人员培训），实现职工的终身教育，这将是未来职业教育和培训的主流模式。

---

① 缪昌武. 双创教育驱动高职教育高质量发展的耦合逻辑、策略及路径 [J]. 职业技术教育，2020，41（16）：18-23.

## 二、主要目标

创新打造电力特色产教一体的体制机制，以"人才共育、专业共立、课程共研、教材共编、基地共建、师资共享、过程共管、责任共担、就业共促"模式促进校企深度融合、全面合作，以"企业+学校"为主体共同打造产业人才培养共同体，以项目化促进教育和产业在人才、智力、技术、资本、管理等方面集聚融合，构建功能完善的职业教育与培训一体化的人才培养体系，力争在国家职业教育深化改革中发挥重要示范作用，在技术技能人才培养中发挥引领作用，着力推进职业教育现代化发展，加快提升职业教育质量。

## 三、实施过程

（一）职前教育

1. 创新实施校企一体化办学模式

电力职业院校与各省电力企业建立"共同体"，实施企校一体化办学。国家电网及所属省级电力公司、直属单位等，为职业院校发展提供财力、物力、人力支撑；共同开发专业人才培养方案，共建课程体系、教学标准和实训基地，共建专兼结合的教学团队，共同承担高职教育、新员工入职培训、高端技术技能培训，培养电力生产、建设、管理、服务高素质技术技能性人才。

2. 创新实施校企共育人才培养模式

一是推进培养责任"双主体"。职业教育既要坚持职业院校的主体责任，也要强化企业的主体责任，做到校企协同联动，相互配合。各省级电力公司深度介入学生培养过程，建立有效机制，保障企业工程师、技师、专家在专业理论教学、岗位技能训练、顶岗工作训练等阶段发挥主体作用。职业院校也要推动企业强化主体责任，加大校企合作的力度。二是确保培养内容"双面向"。职业院校教学内容既要面向国家社会对人才的基本需求，服务人的全面发展，又要面向企业生产实践相一线岗位需求，重点提高就业能力。要优化理论教学，突出实践教学，强化岗位技能训练。三是落实培养地点"双场所"。职业教育的培养场所不能局限在学校，要把专业实践课的教学场所安排到供电企业的生产场所和工程现场。各省级电力公司有责任接纳职业院校学生到供电企业进行在岗训练。四是实现培养效果"双认证"。职业院校的毕业生在获取毕业证书的同时应获取相关岗位的职业评价证书，公司招聘的毕业生还要通过岗位任职资格认证。

### 3. 创新实施"四真一实"行动式教学模式

基于现场生产过程和行动导向，校企共建专业齐全、设施先进、覆盖电力生产服务各专业的实训基地，将行业企业有关技术标准、生产工艺要求融入教学改革，切实推进教学做一体化情境教学模式。以学生为主体，在"真环境"中，做"真任务（项目）"，按照"真工艺"，动手实做，做出"真产品"，获取现场工作经验，培养学生职业能力和职业素养。

### （二）入职教育

为了指导毕业生实现从学生到社会人、国家电网人的角色转变，尽快融入企业，帮助毕业生实现从理论学习到岗位实践的状态转化，学会履职基本技能，加速适应岗位，建立职业成长愿景，为新员工职业生涯发展开好头、起好步、校企合作分四个阶段对毕业生开展入职培养。

### 1. 入职教育

在报到后一个月内进行，时间为 3~7 天，由省级电力公司级单位统一组织实施。

### 2. 轮岗见习

在入职教育后进行，时间不少于 3 个月，由地市电力公司组织实施。安排毕业生 2~4 人到与所学专业或拟定岗位紧密相关的一线单位岗位跟班见习，了解生产或业务基本流程，领会工作要求，学习现场规程，建立岗位体验。

### 3. 定岗实习

在轮岗见习后，毕业生到班组进行定岗实习，时间不少于 6 个月，全方位、全过程了解、参与、体验、领会本班组工作任务、岗位职责、角色流程及其对上岗员工知识技能的要求。

4. 集中培训

定岗实习后，毕业生到国网技术学院（山东电力高等专科学校）进行4~8周的集中培训，由专职培训师和企业兼职培训师共同开展专业理论再学习和岗位技能训练。

（三）职后教育

1. 建成覆盖全产业链的培训专业体系

对接产业建成了理工类18个方向、非理工类9个方向的专业体系，培训专业涵盖了电力企业生产全过程，形成了专业种类齐全的电力技术技能培训体系。

2. 开展多样化的培训业务

一是扎实开展了电力高端紧缺人才短期培训，每年承接国家电网计划内培训300余期。二是重点推进了国际化培训，积极响应国家"一带一路"倡议，不断扩大国际化培训规模和影响力，先后承办菲律宾、泰国、巴西、巴基斯坦等国家电力技能人员和高校教师培训。三是创新开展了技能等级评价工作。院校充分发挥国家电网技能等级评价指导中心作用，指导国家电网下属企业开展职工技能等级评价工作。

**四、实施效果**

（一）实现了行业、企业、学校共同发展

通过"企业+学校"联合培养的"双元制"职业教育模式，国家电网全方位构建了职业教育与培训人才培养体系以及技术技能培训体系，实现了职业教育、职工培训一体化发展。国家电网下属3家省级电力公司入选教育部公布的首批24家产教融合型企业，国家电网也于2020年入选国家产教融合型企业。国家电网成为教育部职业教育培训评价组织，校企合作开发的9个电力类X证书正式向社会公布。一所职业院校入围国家"双高"建设计划，成立两个区域性电力行业职业教育集团，逐步形成了产教深度融合、校企协同合作的办学新格局。

（二）职前教育人才培养质量不断提升

一是持续加大订单人才培养力度，国家电网统一组织特高压、智能电网、物联网、新能源等专业人才的订单培养，支持其二级单位与驻地电力高校合作实施订单式人才培养。二是山东电力高等专科学校等4家电力职业院校开展定向式"教育+扶贫"人才培养，为供电公司一线艰苦岗位及偏远地区供电企业培养用得好、留得住、能力过硬、富有工匠精神的高技能人才。各电力职业院校毕业生一次就业率在95%以上，人才培养质量越来越高。进入国家电网各下属企业的毕业生数量逐年增加。

（三）培训规模和能力达到国际一流

国家电网每年教育培训项目投入30亿元左右，2018年，实施脱产培训380万人次、1300万人天，2019年，完成脱产培训385万人次、现场培训558万人次、全员培训率94.65%，实施网络培训2300万学时。2016—2019年，国家电网各电力职业院校共举办新员工入职集中培训班15期，培训量6.94万人、472.55万人天。

### 五、条件保障

（一）建成完备的规章制度体系

国家电网贯彻落实国家教育培训最新政策精神和改革要求，制订并落实全员培训规划，持续加大教育培训投入，不断完善教育培训管理制度体系，制定发布《国家电网有限公司关于推进职业院校高质量发展的意见》《国家电网有限公司教育培训管理规定》《国家电网有限公司教育培训项目管理办法》《国家电网有限公司技能等级评价质量管理实施细则》《国家电网有限公司考评员管理实施细则》《国家电网有限公司高级技师评价管理实施细则》《国家电网有限公司技能等级评价基地管理实施细则》等办法和制度。

## （二）建成示范性产教融合机制

国家电网积极推行现代学徒制和企业新型学徒制，大力实施"四个双元"培养方式，积极推进"三教"改革，试点推行1+X证书制度，加大订单定向培养力度。全面推进产教融合、校企合作，挂牌成立产教融合实训基地，面向社会、企业、学校提供员工培训和学生实习实训服务。

## （三）建成高效的培训管理机制

国家电网实施培训统一管控，坚持全员培训计划管控一盘棋、费用管控一本账，每年统一组织编制教育培训专项计划，实行项目经费综合标准和分项标准双控模式，抓好项目分级负责和分类实施，强化总部指导监控作用。

## （四）建立校企协同的人才培养管理机制

一是以企业岗位需求为导向，双方共同确定学生培养专业和员工培训专业，共同制订和发布年度招生计划和企业职工送培计划。二是以企业人才培养需求为中心，共同实施人才培养过程管理，包括学生人才培养方案和员工培训方案制订，选派兼职教师共担教培任务，学生顶岗训练等。三是以企业岗位标准为目标，建立常态化人才培养质量评估评价机制，开展毕业生调查，实施职工培训四级评估等。

## （五）建立师资联合培养机制

大力推行"双挂制"，电力职业院校教师到企业进行为期至少两个月的岗位学习，参与企业生产过程，学习生产岗位知识和技能。企业选派优秀专家人才作为兼职教师和培训师到电力职业学校参与人才培养过程，传授岗位知识、训练岗位技能。

## 六、体会与思考

以国家电网为主体举办电力职业院校，不但把学校和企业这两个共同体的作用推向了更深层次、更深领域，也使各电力职业院校之间在一定程度上实现了横向联合。职业院校除做好职前人才培养外，还利用应有的优势为国家电网提供技术支持和员工培训，形成了办学合力和整体优势，扩大了人才培养的途径。其重要意义主要体现在以下几方面。

一是紧扣国家发展战略，有利于实现职业院校内涵发展。电力职业院校紧扣"互联网+""中国制造2025"等国家重大战略，落实创新驱动发展战略，充分利用电力行业与自身优势，加快办学步伐，为中国职业教育发展贡献"电力模式"。

二是充分发挥企业主体作用，有利于增强职业院校与企业关联度。电力职业院校在专业建设、实训基地建设等方面要围绕企业需要与发展进行。同时发挥企业办学的优势，深化企业与学校的联系，将企业生产、学校教学、科学研究三者通过一定的纽带和机制联系起来，实现"产、学、研"的结合。

三是以职业能力为本位，有利于更新人才培养观念。电力职业院校围绕电力行业人才与岗位需求设置专业课程及内容，以企业文化为灵魂、以师资队伍为根本、以办学机制为保障，按照企业标准培养人才，增加了人才培养的针对性和实用性。

四是学历教育与职工培训相互融合，有利于教育培训资源共享。学历教育与职工培训相辅相成、相互促进，学历教育为培训提供教学理论、模式等支持，培训工作为学历教育提供发展活力。

但是，电力职业院校在建设与发展过程中也面临着一些挑战和问题。一是人才培养供给侧和产业需求侧差距还较大，办学规模偏小，教学方法和教学内容仍需要改进。二是专业设置还不能完全适应电力发展与岗位要求。电力职业院校现有专业与电力行业岗位工种还没有完全对应，个别专业招生人数不足100人，缺乏办学规模效应，难以提高办学质量。三是电力职业院校运行机制仍需完善。《国家职业教育改革实施方案》出台后，国家电网高度重视职业教育改革发展，及时召开国家电网系统职业院校座谈会，发布了《推进职业院校高质量发展的意见》，给予了政策倾斜与资金支持。但是，部分院校仍然存在经费短缺与经费来源渠道单一的问题，资金投入保障机制亟须进一步完善。

院校一体，构建电力特色的职业教育。《国家职业教育改革实施方案》明确要求"完善职业教育和培训体系，优化学校、专业布局，深化办学体制改革和育人机制改革"。山东电力高等专科学校立足自身优势，紧紧围绕电力行业人才需求，积极推进产教结构要素全方位融合，逐步形成了"一体双育四化"职业教育创新发展模式，集中体现了现代职业教育的实践性和类型教育的特点。

## 第三节　产教一体，打造世界一流企业培训体系

2020 年 6 月，国务院国有资产监督管理委员会（简称国资委）下发《关于开展对标世界一流管理提升行动的通知》，对国有重点企业开展对标提升行动做出了具体安排部署。国家电网有限公司（简称国家电网）对照国资委"三个领军""三个领先""三个典范"标准，瞄准世界一流企业，研究提出"建设具有中国特色国际领先的能源互联网企业"的战略目标，确定了 28 个对标指标、八大战略工程和 35 项战略举措，对标东京电力、美国电科院等国外企业，制定了实施行动纲领及行动方案。国家电网要建设国际领先能源互联网企业，其关键是提升企业全球竞争力，而提升全球竞争力，关键在于是否拥有一支世界一流的员工队伍。国网技术学院作为国家电网直属的教育培训单位之一，应对标世界一流企业大学的标准，不断改进和优化培训体系并提高企业的人力资本。

### 一、实施背景

对于拥有 156 万人的特大型中央企业，提升员工能力的主要途径就是教育培训工作。"十三五"期间，山东电专作为国家电网直属教育培训单位，肩负着培养优秀产业工人和"国网工匠"的神圣使命和重大责任。山东电专聚焦政治建设、聚焦战略落地、聚焦创新驱动、聚焦基

础建设，在培训业务、技能等级评价、国际化业务等方面实现了跨越式发展，培训能力大幅跃升，业务形态不断完善，对国家电网的智力和人才支撑作用日渐彰显，正朝着技术技能人才培养基地、全产业链培训服务平台、国际合作交流平台、职业教育发展研究中心、技能等级评价指导中心和网络大学与知识集成中心"一基地、两平台、三中心"的战略定位稳步前进。

同时，山东电专还需要逐步实现培训产业化升级。国家电网在促进产业升级专项行动指导意见（国家电网办〔2020〕429号）中指出，要以内质外形建设为重点，推动软实力培育业务升级做优，对抓好全员教育培训、构筑人才高地提出了明确意见，要求山东电专主动融入国家电网业务运作和专业管理，紧跟国家改革部署和技术发展趋势，针对技术技能干部职工开展精准培训和职业全周期持续提升培训，明确提出了以评促培、线上线下结合、建设全业务数字化平台等工作要求，这将对山东电专培训业态产生深远影响。

在未来，山东电专将围绕基本建成国际一流企业大学的总体目标，明确新员工集中培训、技术技能培训、国际化培训、技能等级评价、职业教育、公司网络大学运营六大核心业务以及实施的保障措施，明确实施强根铸魂、培训产业、"双高"建设、科技强院、市场运管、数字化建设六大工程，全面完成各项战略任务，推动院校高质量发展，为国家电网人才队伍建设和软实力提升做好人才支持和智力支撑的功能定位，全力支撑院校创建国际一流企业大学。

### 二、主要目标

山东电专通过对国内外企业大学进行调研分析，提出世界一流示范性企业员工培训体系的"八个维度"。

战略适配度：与企业战略的适配程度。

组织协同度：组织结构的完善程度、组织之间的协同程度。

资源匹配度：培训设施设备的硬件和以师资为主的软件等方面的配

置程度。

内容契合度：课程体系的专业度和与组织要求及个人发展的契合程度。

方法灵活度：培训方式方法的多样性和实用性程度。

工具先进度：应用数字化技术工具的领先程度。

知识创新度：在知识集成、知识管理、知识创新方面的程度。

价值贡献度：在培训效果价值创造、组织资本提升、国际化发展和品牌影响力等方面的贡献程度。

总体来讲，以上八个方面的完善程度也体现在人才培训体系健全程度，能否对技术技能类人才培养实现全方位、全天候、多层次培训的全覆盖，能否积极适应社会数字化发展，能否全面推动国家电网战略实现和人才发展，以及能否充分体现"做大、做强、做优"的目标和方向。

### 三、实施过程

首先，山东电专对国内外标杆企业的培训体系进行研究，采用案例研究法、文献法、访谈法、观察法、问卷法等，提出世界一流示范性企业员工培训体系的"八个维度"评价体系，树立院校努力方向和标杆。

其次，山东电专对国家电网所属省级电力公司的培训机构进行观察访谈。选择公司下属的四川电力、宁夏电力、青海电力、湖南电力、陕西电力、浙江电力、山东电力、江苏电力和上海电力等省级电力公司的培训机构以及山东电专进行了参观考察和现场访谈，对国家电网的整体培训体系有了直观印象，对各单位的培训体系运行情况有了基本了解，力争做到"知己"。

最后，山东电专经过与内部、外部人员的多次总结、研讨、沟通，形成了适合山东电专现阶段发展的培训体系优化方案。该方案在山东电专现阶段已取得的优异成绩的基础上，剖析山东电专在技术技能人才培训方面还存在的不足，对标英特尔、摩托罗拉、IBM等国际一流企业大学的培训体系，分析和借鉴其优点和正确的做法，提出从组织变革开始到整体改善的总体思路和路径。同时，山东电专全面考虑国家电网的培训体系及职能分工，结合对部分省级公司培训中心的调研成果，深入研究山东电专与省级电力公司培训机构之间的优劣势，为实现山东电专在技术技能人才培养体系的主导作用，提出了资源共享、优势互补建议，加快实现具有中国特色国际领先的能源互联网企业的战略目标。

### 四、实施效果

#### （一）战略适配度方面

山东电专与国家电网战略高度契合，在技术技能人才培养方面取得了显著成效。技术技能人才全覆盖，全面完成了国家电网新员工集中培训任务。自 2016 年以来，山东电专紧紧围绕"为党育人，为国育才"的工作宗旨，以公司标准岗位分类为依据进行优化整合，设置理工类专业 13 个、非理工类专业 4 个，课程体系含国家电网企业文化宣传、国家电网发展战略解读、综合素质提升、专业技能提升等模块，开发 230 余门培训科目、21 册专用教材、2.6 万余道标准化试题，结业考评全面实现无纸化，学员管理与服务凸显人性化。"十三五"期间共举办新员工集中培训班 20 期，培训 6.94 万人、472.55 万人天，培训计划完成率 100%，全面完成了国家电网新员工集中培训任务。

高技术技能培训类培训体系与时俱进、日渐完善。山东电专紧跟国家电网发展战略，主动适应业务发展趋势，着力发掘各岗位新技术、新技能培训需求，配齐全产业链服务能力，与国家电网总部专业部门汇报沟通，强化组织实施、项目筹备、资源匹配、效果评估等全过程管理，不断提升教学和服务水平，高水平、高效率实施国家电网类高技术技能培训任务。"十三五"期间共举办国家电网类高技术技能培训班 742 期，培训 5.72 万人、23.89 万人天。

服务国家电网竞赛调考任务。先后承办首届中央企业网络安全攻防大赛复赛、国家电网"学习张黎明、争做时代新人"青年演讲比赛、国家电网 2019 年继电保护专业技能竞赛、第七届供电服务之星劳动竞赛、国家电网 2020 年变电运维竞赛、2020 年省管产业配电技能竞赛等，圆满完成国家电网各项竞赛调考任务。

积极履行社会责任，牢固树立市场意识，找准市场定位，开展定制化培训，服务能源行业、社会企业技术技能进步，打造行业、社会服务品牌。"十三五"期间，山东电专共举办市场化培训班 461 期，培训 2.16 万人、16.19 万人天。

取得荣誉：被中华人民共和国人力资源和社会保障部命名为首批"专业技术人员继续教育基地"；荣膺"中国最佳企业大学"排行榜第一名，"中国最有价值企业大学"称号，"国家技能人才培育突出贡献单位"称号，美国人才发展协会（ATD）"先进人才发展组织奖"，"卓越实践奖"和第二届上合组织国家职工技能大赛"优秀组织奖"等。

（二）组织协同度方面

设有高效的组织结构，各职能部门之间分工合理、运行高效。山东电专以企业内部专业技术、生产技能人员培训为主，逐步发展国际合作办学、职业技术学历教育，以此加强高层次、实用型人才培养，传播企业文化，沉淀、管理和发展企业内部知识，增强企业核心竞争力。坚持以人为本，充分运用先进人才培养理念和现代技术手段，全面提升山东电专技术技能人才培养综合实力、学习平台运营能力和国际影响力。建立"快速、高效"的培训教学调度指挥运作体系。建设调度指挥中心，形成培训调度指挥管理实施细则、培训运营数据管理办法等制度 38 项，以实现核心业务协同高效为目标，打造新型集约化核心业务管控体系，建成院调和运营室两级"1+9"调度指挥运作体系，基本实现培训教学业务全覆盖，规范培训教学业务运作全过程管控。推行综合调度模式。实现对公司计划内培训、计划外培训、市场化培训、国际化培训、技能等级评价等业务所需食宿学训资源的统一调配，通过调度日报、周报和专项资源调度令，提高了管理效能。

（三）资源匹配度方面

山东电专培训设施设备齐全，配有高素质的培训师资且师资实力强大，能够满足技术技能类人才的各种培训需求。

硬件方面：培训设施健全。院校占地 121 万平方米，校舍建筑面积 48.8 万平方米，各类实训室（场）总数 279 个、操作训练工位 8340 个、餐位 7700 余个、床位 1.2 万余个，具备了年培训 200 万人天的能力。按照"专业齐全、技术先进、设施配套、工位充足"的原则，院校大力开展实训设施建设，先后建成国内首个实训 220kV 智能变电站、1000kV 交流和 ±800kV 直流特高压变电仿真实训室、1000kV 交流和 ±800kV 直流特高压输电线路实训场、特高压检修大厅、公司级应急培训基地等各类实训室（场）279 个，基本覆盖了电网各主要专业（工种）。

软件方面：培训师资实力强大。山东电专积极建设专兼结合、结构合理、具有行业影响力的培训师资队伍，建立了培训师"选用育留"的体制、机制，探索建立了专职培训师能力评价标准和现场实践锻炼常态机制，与生产单位开展"双向挂岗"，提升了师资队伍技术技能水平和现场工作能力。实施以赛促练，连续举办 17 届院校教师教学技能大赛；实施专项培训，开展国际化人才"星火计划"英语、葡萄牙语培训，62 人已取得 ATD 国际培训大师资质。

全员参与，打造德技双修教师队伍。"十三五"期间山东电专持续加强专职教师"双师型"人才培养力度。开展教师队伍"五力"建设，大力推进师德教育，弘扬新时代师德师风，举办培训师、教师教学技能大赛 3 届，举办国际化教学能力比赛 1 届，分别举办国际化人才"星火计划""育才计划"各 2 期，培养骨干英语师资 110 人，引导提升核心能力。

（四）内容契合度方面

课程体系能够满足技术技能类人才培训的要求，遵循人才成长规律，建立了层次衔接有序、适应新时代要求的相对完善的公司技能等级评价体系。课程培训对学员的实际工作有较强的针对性，能够满足技术技能类学员个人职业生涯发展需要。

定期发布年度教研教改研究计划，组织人员深入研究国家职业教育改革实施意见，深入研究国家关于终身职业技能培训的意见，深入研究现代学徒制和企业新型学徒制的人才培养规律，开展职后培训与职前教育的深度融合研究，形成包括人才培养方案开发、教学模式改革、新型教育形式等方面的产品，服务于国家电网系统职业院校发展和人才队伍培养。

倡导以产业化的思维理念提升服务品质和服务能力，坚决改正和摒除"等、靠、要"的惯性思维和"得过且过"的惰性心理。组织开展大思考、大讨论，群策群力、同业对照，广泛开展调研学习，细致梳理新员工集中培训、技术技能培训、职业教育、技能等级评价、竞赛调考、国际化培训等各项主营业务分支。深入挖潜院校"产品"的产业特质，牢固树立主动服务的工作意识，建立以客户满意度为标准的工作质量评价体系。

（五）方法灵活度方面

山东电专积极落实国家电网数字化建设战略部署，大力推进培训线上线下融合发展，培训方式多样、培训方法科学，灵活运用"网上学堂""电网云学"直播课堂，有效地避免了工学矛盾。

2020年上半年共举办线上线下培训班110期，培训14.34万人次，网络大学学习培训2225万学时、考试95.7万人次，"停工不停学"效果显著。2020年5月开始分两个阶段开展"国网新员工网上学堂"线上培训，面向公司系统2019年入职的新员工推送17个专业（理工类13个、非理工类4个）745门学习课程，实现国家电网的67家二级单位的17697名新员工线上复培。围绕国家电网战略宣贯等50个专题完成"电网云学"直播课堂。首季直播、点播量累计达95万人次。实施专项培训赋能项目，开发录制公司技术标准宣贯首批50门课程，承办变电站消防"万人大学习"和调度自动化专业岗位轮训，完成13期高端技术技能线上培训。

（六）工具先进度方面

提供在线学习服务的智能化培训云平台，公司技能等级评价由企业内部评价上升为国家认可全社会通用的评价。

（七）知识创新度方面

全面优化课程体系，打造精品培训课程，稳步推进国际化课程开发，建立层次衔接有序、适应新时代要求的公司技能等级评价体系，深化培训教学数据应用，持续进行知识创新。

打造精品培训课程与教材。全面优化新员工课程体系，突出习近平新时代中国特色社会主义思想指引，突出国家电网新战略"三进"，突出党建引领、技能提升和安全素养教育，注重公司发展理念和发展成就宣贯；完成 52 类 54 项电网设备技术标准执行指导意见全员宣贯，网络学习资源已覆盖公司系统各专业、各层级 27 万名技术技能人员，为公司技术标准全员宣贯和推广应用工作提供了有效支撑；完成 46 本新员工培训专用培训教材开发优化工作。

（八）价值贡献度方面

培训服务于国家电网战略，培训了国内外技术人员 37 万人次，获得了众多国际国家级荣誉，服务"一带一路"，积极承办国际交流合作项目，提升了国家电网在社会上的品牌知名度。

山东电专紧跟国家电网国际化发展步伐，聚焦"专门、专项、专业"，全力实施"123"国际化发展战略，努力打造技术技能国际培训交流平台。举办菲律宾国家电网公司（NGCP）等高端技术技能体系化培训班，与美国东南电工培训中心合作举办配电网不停电作业培训项目高级班，选派骨干教师赴埃塞俄比亚开展配电网技术、安全及应用培训，成功承办第二届上合组织国家职工技能大赛、国际青年能源论坛、中电联国际化人才发展论坛、"一带一路"电力能源高级管理人员研讨班等一批具有国际影响力的培训竞赛项目。服务"一带一路"，电力国际合作交流成效显著。

**五、条件保障**

（一）加强党的建设

山东电专作为国家电网的一分子，完全接受国家电网的指导，始终保持党的先进性，牢固树立"党领导一切"的权威性，统领工会、团委等政治生态领域各级组织，始终主导推进公司优秀企业文化，指导各级经营管理人员厘清国家电网发展总体思路，占领国家电网意识领域的"桥头堡"，不断推进各项工作蓬勃发展，为员工注入新的活力和动力。

（二）人力资源组织保障

在党组织的统一领导下，建立培训体系优化专项组织机构，紧抓组织建设不放松，按阶段和时间进程不断调整以适应国家电网发展。

指导人力资源管理单位不断完成组织架构调整及人岗匹配工作，考察评价各级各类人才，不断调整、引进各级各类人才，关心关注各级人才生存发展氛围和空间，指导做好员工思想政治工作，组织凝聚人心的各类活动，增加团队凝聚力，提升人才核心竞争力。

（三）上级的各项支持

争取上级财政经济支持。该培训体系优化是山东电专适应新时代、推进新发展的一项重大决策，是助力国家电网创造、保持世界一流示范性企业的百年大计。由于新基建的投入将会很大，因此需要上级单位及国家财政予以全力支持。

争取国家电网内部人力资源向院校倾斜。该培训体系除硬件系统的升级之外，更需要整合聚集所有热心于教育培训事业的有志之士，尤其是成为最有价值的内部教师。因此，需要国家电网所属所有单位对该方案给予强力支持和配合。

（四）建立技术技能培训服务联盟

要实现培训理念超前化、组织管理三台化、资源互补共享化、业务运营市场化、培训手段数字化的"五化"培训体系建设战略，需要全方位、多层次、多角度组织整合各类培训资源。为保证培训体系的良性运转和长久发展，必须建立以山东电专为核心的技术技能人才培训服务联盟，培养培训体系运行的良好生态环境，形成院校—培训机构—技术服务单位的"培训产业命运共同体"。

# 参考文献

## 一、期刊

[1] 曹井新，温红真．构建创新型国家视角下高职院校教师创新能力培养研究与实践［J］．职业技术，2020，19（7）.

[2] 迟静．"融媒体"背景下高职视觉传播设计与制作专业课程体系改革探究［J］．湖北开放职业学院学报，2021（7）.

[3] 董盟君．媒体深度融合的思考与实践［J］．传媒，2020（22）.

[4] 方灿林，郭庆志．专业教学资源库："互联网+教育"在职业教育领域的率先落地［J］．中国职业技术教育，2019（19）.

[5] 郭建如，邓峰．高校人才培养改革对大学生创新能力的影响［J］．高等教育研究，2020，41（7）.

[6] 郭琪，魏冬峰，侯典云，等．新媒体技术在高校教育教学中应用的初步认识［J］．教育教学论坛，2020（9）.

[7] 国家出台政策推动现代职业教育高质量发展［J］．广东交通职业技术学院学报，2022（1）.

[8] 胡伏湘．基于大数据的智慧职教：内涵、平台设计与应用［J］．中国职业技术教育，2017（3）.

[9] 教育部财政部关于实施中国特色高水平高职学校和专业建设计划的意见［J］．教育科学论坛，2019（15）.

[10] 李明月．赋能理念下建设职业教育创新发展高地的思考［J］.

现代教育, 2020 (2).

[11] 李伟. 双向赋能, 做职教改革创新发展排头兵: 专访苏州市职业大学党委副书记、校长曹毓民 [J]. 中国教育网络, 2020 (12).

[12] 李玉静. 职业教育高质量发展的时代规定性 [J]. 职业技术教育, 2022 (4).

[13] 梁家峰, 张洁. 坚持改革创新为职业教育高质量发展赋能 [J]. 中国高等教育, 2019 (10).

[14] 廖大凯. 以大改革推动大发展, 促进职业教育高质量发展 [J]. 教育科学论坛, 2021 (27).

[15] 刘建同. 深入学习领会党的十九届六中全会精神　全力推进现代职业教育高质量发展 [J]. 中国职业技术教育, 2022 (1).

[16] 卢丽华. 现代职业教育背景下高职院校学生职业生涯规划的现状及发展路径 [J]. 人才资源开发, 2022 (11).

[17] 孟凡华. 赓续 2021, 展望 2022: 职业教育迈向高质量发展新征程 [J]. 职业技术教育, 2022 (6).

[18] 缪昌武. 双创教育驱动高职教育高质量发展的耦合逻辑、策略及路径 [J]. 职业技术教育, 2020, 41 (16).

[19] 彭波. 互联网下半场新媒体演进趋势分析 [J]. 现代出版, 2019 (6).

[20] 舟云芳. 以产教融合命运共同体赋能职业教育高质量发展 [J]. 职教通讯, 2022 (5).

[21] 任占营. 优质高等职业院校建设的思考 [J]. 国家教育行政学院学报, 2018 (7).

[22] 推动现代职业教育高质量发展论坛在京举办 [J]. 西部素质教育, 2021 (24).

[23] 王仁伟. 坚持改革创新为职业教育高质量发展赋能 [J]. 新教育时代电子杂志 (学生版), 2020 (9).

[24] 谢德新, 庄家宜. 从学科本位到综合职业能力: 新中国职业

教育人才培养的历史回眸与未来展望［J］. 职业技术教育，2020，41（28）.

［25］谢俐. 奋力推进新时代职业教育实现高质量发展［J］. 中国职业技术教育，2018（19）.

［26］谢俐. 中国特色高职教育发展的方位、方向与方略［J］. 现代教育管理，2019（4）.

［27］谢维和. 增强适应性，推进职业教育治理体系现代化［J］. 广东技术师范大学学报，2022（1）.

［28］徐航. 培育大国工匠 厚植职业教育沃土［J］. 中国人大，2022（9）.

［29］杨莉. 新媒体技术在高等职业英语教学中的应用研究：评《新媒体与大学英语教学的融合及应用探究》［J］. 新闻爱好者，2021（4）.

［30］张健. 类型视野下对职业教育特性与发展的再审思［J］. 教育与职业，2020（14）.

［31］赵粉平. 新媒体技术对高等职业教育的启示［J］. 北京农业职业学院学报，2015（6）.

［32］郑烨，陈笑飞，孙淑婕. 中国创新型城市研究历经了什么？——创新型国家建设以来的文献回顾与反思［J］. 中国科技论坛，2020（8）.

［33］庄西真. 2021是我国职业教育高质量发展的"大年"［J］. 职业技术教育，2021（36）.

## 二、论文

［1］王丽峰. 数字化背景下中小教育机构ZK公司发展战略研究［D］. 北京：北京建筑大学，2021.

［2］王永越. X教育培训机构发展战略研究［D］. 南京：东南大学，2019.

### 三、报纸

［1］古天龙. 数字化社会需要补上数字素养教育［N］. 光明日报，2019-09-24.